Changer la justice

Jean-Yves Le Borgne

Changer la justice

Préface de Dominique Perben

puf

ISBN 978-2-13-078973-4
Dépôt légal — 1re édition : 2017, mars

170 bis boulevard du Montparnasse, 75014 Paris

Préface

de Dominique Perben, ancien garde des Sceaux

La justice est bien souvent au cœur du débat politique français. Nous aimons le droit. La révolution de 1789 s'est faite, après une longue maturation, au nom de grands principes juridiques portés par une génération de juristes d'exception. Napoléon est perçu, par beaucoup, comme l'homme du Code civil.

Nombre de juristes, d'avocats ont constitué l'essentiel du personnel politique tout au long de notre histoire moderne, et spécialement sous la IIIe et la IVe Républiques. La mise en place de la Constitution de 1958 s'est accompagnée d'une réforme majeure de la justice, illustrant par là l'importance de l'institution judiciaire dans l'esprit du fondateur de la Ve République, le général de Gaulle.

Pourtant, interrogez un échantillon de Français sur la justice de notre pays et vous ne serez pas déçu : trop lente, incapable de comprendre la vie des gens, laxiste avec les puissants, sévère pour les humbles, distante, refermée sur elle-même, parlant une langue incompréhensible pour le commun des mortels. Ces critiques sont aussi bien exprimées par les citoyens les plus modestes que par les responsables économiques et politiques. Elles sont l'expression d'un vrai malaise, même si le diagnostic est souvent injuste.

Pourtant, notre société n'a jamais été autant en attente de justice. Il est inutile de rappeler la fantastique judiciarisation de ces quarante dernières années. Tout dysfonctionnement social semble appeler une réponse judiciaire. Une grande attente de justice, mais une grande méfiance à l'égard de la justice. Tel est le paradoxe.

À cela s'ajoute le désarroi que connaît la nation française aujourd'hui face au terrorisme et à ses fractures internes, la montée du communautarisme et la tentation du repli sur soi. Comme chaque fois que l'avenir du pays semble moins assuré, il est sans doute nécessaire de redonner à la fonction de justice dans l'État, à l'institution judiciaire dans la République les moyens de sa mission. Des moyens matériels, sans doute, mais aussi une clarification, une redéfinition de son organisation, de son mode de fonctionnement, de ses relations avec les autres pouvoirs. La tâche est immense. Il y faut sans doute une grande détermination et de la durée, de la persévérance dans l'action.

Le livre de Jean-Yves Le Borgne apporte une passionnante contribution à ce débat nécessaire.

Il exprime le point de vue, non pas d'une corporation, d'une institution, mais d'un homme libre. Libre par sa réflexion personnelle, libre par son expérience accumulée d'avocat pendant plus de quarante ans de vie professionnelle. Libre par les responsabilités assumées au sein de sa profession comme vice-bâtonnier de Paris. Libre par son regard lucide, mais aussi humble et bienveillant sur les pratiques des acteurs de la justice. Je suis convaincu qu'il contribuera à clarifier le débat, à éviter les fausses solutions, à aller à l'essentiel, à relever vraiment les défis d'aujourd'hui et de demain.

Ces défis sont nombreux.

D'abord le défi de l'efficacité, qui est aussi le défi de la confiance. Confiance entre acteurs de la chaîne pénale, policiers, procureurs, juges. Confiance du citoyen victime dans l'institution judiciaire. Confiance dans l'impartialité du juge.

Le défi de la légitimité. Au nom de qui est rendue la justice ? Au nom du peuple, dit-on, mais le peuple en est-il convaincu ? Et comment veiller à ce que l'institution judiciaire ne s'isole pas de la société ? Qui doit être à la source du droit ? Qui fixe la règle ? Comment préciser les relations entre le pouvoir législatif, le pouvoir exécutif et le juge ? Qu'en est-il des sources internationales du droit ? Il est sans doute temps d'y voir plus clair entre pouvoir constituant, conventions internationales et rôle des juridictions.

Le défi de la compétitivité aussi. Le droit et ses conditions d'application sont des éléments majeurs dans la compétition économique internationale. Nous sommes très attachés au droit continental. C'est bien. Je me suis battu pour le promouvoir, en particulier en Asie. Mais il faut qu'il soit capable d'assurer la comparaison avec la « *common law* » et sa souplesse.

Il faut aussi gérer avec lucidité et finesse le développement des nouveaux modes de règlement des conflits, arbitrage et médiation. Un excès de méfiance ou de frilosité ne servira pas la place de la France dans le monde du droit.

Enfin, l'accès au droit devient un défi à relever de nouveau. De grands efforts ont été faits pour aller vers la gratuité de l'accès à la justice, mais il faut sans doute faire un inventaire lucide de ce qui est légitime et nécessaire pour tous ceux qui en ont besoin et pour distinguer ce qui, dans le procès civil, participe d'une utilisation tactique de la procédure au détriment d'une institution judiciaire totalement engorgée.

Un défi, à venir sans doute, celui de la révolution numérique. La justice, elle aussi, va connaître son « ubérisation ». Il faut y réfléchir et s'y préparer. Les professions du droit vont être touchées les premières, mais l'institution elle-même le sera. Sachons préserver l'essentiel en ayant le courage de faire évoluer les méthodes de travail.

Merci à Jean-Yves Le Borgne de proposer ses analyses, ses critiques, ses suggestions. Je suis convaincu qu'elles susciteront des réactions, approbations et critiques. J'espère que ce livre apportera sa pierre à l'édifice d'une réforme progressive mais résolue.

S'il est un domaine où il faut souhaiter un accord national sur une réforme ambitieuse, c'est bien celui de la justice. Au vu de certaines crispations du débat politique, on pourrait en douter. C'est pourtant ma conviction profonde, à condition bien sûr de laisser de côté un certain nombre de fausses questions qui constituent autant d'alibis pour un immobilisme, confortable à certains, mais pernicieux.

Dominique Perben

Introduction

En France, celui qui prétend parler de la chose publique doit montrer patte blanche.

L'exigence n'est pas en soi contestable. Un non-dit politique et philosophique sous-tend tout exposé technique. La compétence ne suffit pas à rendre légitime le propos qui prend pour objet une mission publique. Je n'entends évoquer que la chose judiciaire, mais je ne peux ignorer que j'envisagerai ce grand sujet sous le prisme de convictions diverses, faites d'une certaine idée de l'État, du rôle du juge, du sens de la peine et d'une longue expérience qui n'est que la pédagogie du hasard. La vraie neutralité consiste à ne jamais renoncer à être juste, mais on ne peut prétendre, sans une stupide forfanterie, effacer une multitude d'inclinations qui font la subjectivité inévitable de tout discours. Aussi bien l'honnêteté conduit-elle à dire, même à la hâte, quelques mots de ce que l'on croit, puisque ce sera l'inévitable socle de l'analyse qu'on va proposer. Sous cette réserve, la parole est libre ; aucun interdit, aucun monopole ne peut en limiter l'expression.

On a souvent l'impression que les affaires publiques sont réservées à une catégorie déterminée de personnes, auxquelles auraient été dévolues la compétence et la légitimité. L'habitude aidant, ce monopole des affaires de l'État au bénéfice du personnel politique est entré dans les mœurs. Il n'est rien tant que la longue répétition d'une erreur pour en faire une demi-vérité ! La conséquence en est que celui qui pendant longtemps s'est occupé d'autre chose apparaît au mieux comme un amateur peu crédible, au pire comme un usurpateur, lorsqu'il s'aventure à donner un avis ou risque une suggestion portant modification de la structure ou du mode de gestion des affaires publiques. Pourtant, la République ignore les castes à fonction déterminée ; pourtant la démocratie fait de la société l'affaire de tous.

Nous nous réclamons souvent de la Révolution française. Certaines de ses options idéologiques constituent désormais une référence qu'on ne saurait discuter sans sacrilège. La Déclaration des droits de l'homme et du citoyen est depuis plus de deux siècles un texte fondateur, une référence indiscutée, du moins des temps ordinaires, ceux où la tyrannie ne tente pas de relever la tête. Oublie-t-on que ces quelques règles, qui ont aujourd'hui valeur constitutionnelle, ont été tracées par des amateurs, certes juristes pour beaucoup, qui n'avaient d'autre appui pour asseoir leur action que le choix de leurs compatriotes qui les avaient envoyés siéger aux États généraux, bientôt constitués en Assemblée nationale ? Leur inspiration ne devait rien à l'expérience politique ; elle reposait tout entière sur les lectures de ceux qu'on appelait les philosophes des Lumières.

Il y a dans la citoyenneté un droit, et même un devoir, de se préoccuper de la structure de l'État et de son fonctionnement. Cette invitation à imaginer et à mettre en œuvre le mieux pour le pays, à tenter de découvrir ce qui est préférable pour tous, est une mission première qui incombe à chacun. Nul ne peut se prévaloir d'un quelconque monopole en la matière, sans affirmer implicitement qu'il préfère l'aristocratie à la démocratie ; nul ne peut se croire dispensé de se préoccuper de la chose publique, sans renoncer implicitement à une part essentielle de sa citoyenneté. La plus belle image de la République reste celle de Cincinnatus, oscillant entre sa charrue et les plus hautes responsabilités de l'État.

Si l'on veut que la nation ait un sens, que le mot ne recouvre pas seulement une idée abstraite, de moins en moins conforme à la réalité, si l'on veut que la France soit une entité homogène et non une mosaïque de communautés égocentrées s'observant avec hostilité ou, au mieux, indifférence, il faut un point commun à tous : la vocation – suivie ou non d'effet – de participer à la conduite des affaires du pays. La « nation est d'abord la chose de tous », disait Ernest Renan[1].

1. Ernest Renan, *Qu'est-ce qu'une nation ?*, 1882.

Il faut que chacun soit intéressé à son devenir, qu'il s'en sente responsable. Il n'y a plus de nos jours de citoyens passifs ou, pour parler sans fard, de sous-citoyens[1]. L'égalité en droit est un principe fondateur qui ne doit pas relever de l'esthétisme proclamatoire, mais diriger l'expérience quotidienne de chacun.

Mais les hommes sont si divers.

Certains préfèrent cultiver leur jardin ; ils se placent à l'abri des polémiques et s'appliquent à chercher le bonheur dans des plaisirs privés et éphémères. D'autres, figés par une timidité maladive, se réfugient dans l'anonymat et dans l'indifférence au monde. Il en est aussi qui s'inventent un avenir trop grand pour eux et se heurtent aux événements, comme un aveugle se cognerait contre les murs. Il en est enfin qui sont à la recherche de sensations fortes.

Les grands aventuriers ont une dimension héroïque et folle, même lorsqu'ils poursuivent des conquêtes dérisoires. Le frisson que donne la démesure les motive plus que la fin sur laquelle ils règlent leur pas. La gloire ou l'argent sont tout autant, pour eux, objets de convoitise que prétextes à se surpasser. Ils sont souvent loin de l'intérêt général, mais on pourrait, sans trop de difficulté, les y ramener par une sorte de substitution

1. La Révolution française avait d'abord instauré un droit de vote censitaire, n'autorisant la plénitude de la citoyenneté qu'aux hommes – à l'exception des domestiques jugés sous influence – à la condition qu'ils eussent acquitté un impôt, au demeurant très faible.

de motifs que leur offre parfois l'histoire. L'héroïsme est une aspiration à être plus que ce que l'on est, une chance que l'on se donne de toucher du doigt les valeurs d'un monde surhumain. Chez les anciens Grecs, la démesure était un crime. Elle est aussi la force rare qui permet de bouleverser ce qui existe et de construire un monde nouveau.

Il y a ceux qui vivent « sabre au clair » chaque jour de leur existence et ceux qui font leur devoir en traînant les pieds. Les premiers ont vocation à nous conduire, parfois à la gloire, parfois au gouffre ; ce sont les visionnaires, les emblèmes des idées nouvelles, les généraux de toutes les conquêtes, les promoteurs de la foi, les architectes du monde de demain. Ils ont avec eux, en eux, la force, l'inspiration, la certitude d'être investis d'une mission. On ne peut imaginer de se jeter dans leurs bras sans réfléchir. Certains sont des fous sanguinaires, comme Hitler ou Staline. D'autres, qu'il faut savoir distinguer, ressentent la mission, reçue comme un ordre mystique et ont la certitude qu'il leur faut accomplir ce destin pour le bien du pays. On songe au général de Gaulle. Ces épigones de Jeanne d'Arc se confondent un moment avec la Nation. L'histoire, par une curieuse ironie, les met parfois en concurrence avec d'insipides gestionnaires, sérieux et honnêtes, qui enferment l'avenir dans une perspective étriquée. Selon que le peuple a envie de lendemains épiques ou, au contraire, d'un temps de somnolence, selon la banalité ou l'extraordinaire des circonstances, il porte les uns ou les autres à sa tête.

Qui que l'on soit, le moment vient où il faut répondre : ai-je fait ce que je devais ?

L'action politique comporte des risques que peu d'entre nous sont prêts à prendre. Interrompre une carrière pour un mandat électoral de quelques années qui ne sera peut-être pas reconduit, n'est-ce pas s'exposer de manière irresponsable ? Il faut dire les choses sans détour : les professionnels de la politique voient d'un mauvais œil qu'on marche sur leurs brisées, mais ils n'interdisent à personne d'entrer dans l'arène. C'est la frilosité de la société civile, sa peur des lendemains qui ne chantent pas toujours, qui tiennent nos compatriotes éloignés d'une citoyenneté, dont ils cultivent une notion presque passive, une définition *a minima*, une conception réductrice et peu coûteuse en efforts.

Cet éloignement de la chose politique fait courir un risque à la Nation. On ne peut admettre que l'élan national ne se manifeste que de loin en loin, que le peuple de France n'ait qu'une existence à éclipses, le plus souvent quand il faut réagir contre un inadmissible qu'on a laissé s'installer.

L'idée de nation est confuse et même équivoque. Certains se représentent la Nation comme une entité figée, comme un rassemblement humain aussi clairement circonscrit que l'est une chose dont on perçoit la force, la couleur, la consistance et les limites. Il est vrai qu'il est plus facile d'imaginer un objet que de concevoir un mouvement. Les tenants de cette nation objective vont être naturellement conduits au refus de l'évolution, à la conservation de la race, à la fixité de la langue, à l'immuabilité glorieuse de l'histoire, à la protection ombrageuse de la religion dominante. Cette vision nostalgique de la Nation, tournée vers ce qu'elle fut, amène tout naturellement au rejet de ce qu'elle pourrait devenir et au culte sectaire des paramètres, prétendument éternels, qui sont la substance de cette conception trop simple.

On sait bien que la race est une illusion, tant les siècles ont été l'occasion de métissages divers. On devrait savoir que la langue est un patrimoine en perpétuelle évolution, au point qu'on comprendrait difficilement nos ancêtres. Quant à l'histoire, de quel droit un contemporain peut-il s'en approprier les méandres ? Les événements d'hier, que nous n'avons pas vécus, seraient donc le ciment d'une appartenance commune ? Mais qu'est-ce que ce souvenir fantasmé que je m'approprie dans une triomphante usurpation ? Mon grand-père était dans les tranchées de la Grande Guerre ; mon père sur le front en 1940. Je ne nie pas que j'aie le sentiment qu'un lien me rattache à leur sacrifice. Mais je sens aussi la faute qu'il y aurait à m'approprier un passé et un héroïsme auxquels je n'ai aucune part. Je ne nie pas la force identitaire de l'enracinement. Mais il est dans le fond des cœurs ; l'étranger qui s'en empare et le fait sien y a autant de droit que celui qui, comme moi, ne l'a pas vécu. J'ai porté avec fierté l'uniforme d'officier de marine. Un de mes camarades, dont le père, immigré polonais, parlait un français improbable, portait le même uniforme avec le même respect et la même légitimité. Le passé de sa famille n'avait jamais croisé celui de mes ancêtres, mais nous étions frères d'armes et concitoyens. Nous sommes toujours amis.

La religion aussi a souvent été le prétexte d'affrontements entre les hommes qui pourtant appartenaient à la même nation. Nous mesurons la dérision absurde et tragique de ces déchirements en nous rappelant la révocation de l'édit de Nantes et les persécutions des protestants français par d'autres chrétiens français, ou encore l'affaire Dreyfus, ridicule mise en cause d'un officier français dont la famille avait choisi le drapeau tricolore quand son Alsace natale était devenue allemande. Je veux dire ici, en passant, ma dette et ma reconnaissance à ces écrivains et professeurs juifs à qui je dois une large part de ma culture française. Ces mots semblent bien inutiles, tant ces ségrégations sont lointaines et que paraît évidente l'éminence du principe de laïcité et l'affirmation de Renan : « La religion est devenue chose individuelle ; elle regarde la conscience de chacun [...]. [Elle] est sortie presque entièrement des raisons qui tracent les limites des peuples[1]. » Et pourtant se pose encore aujourd'hui, pour beaucoup avec acuité, la question de ces millions de musulmans qui sont sur notre sol. D'abord, n'oublions pas qu'ils sont, pour la plupart, nos compatriotes. Ensuite, distinguons la poignée de fanatiques qui ont saisi l'islam comme prétexte d'une révolte personnelle. Ceux-là sont nos ennemis ; ils se veulent en marge de la France,

1. *Op. cit.*

ils la combattent et se réjouissent des coups qu'ils peuvent lui porter. Mais ils ne sont qu'une minorité. Les autres, l'énorme majorité des musulmans français, ont les mêmes aspirations que les autres Français : vivre libres et, s'il se peut, dans un certain confort. Mais les difficultés économiques en ont repoussé beaucoup dans les rangs du prolétariat. C'est cette ségrégation socio-économique qui crée la révolte, le sentiment de rejet et le refuge dans une identité religieuse qui tient lieu d'étendard à la dignité. C'est à l'éducation et à l'économie que revient la tâche de résoudre un problème qui est moins religieux que sociologique.

Quand tous les pauvres d'aujourd'hui participeront à la prospérité du pays, il n'y aura plus ni musulmans, ni juifs, ni chrétiens, mais des hommes œuvrant ensemble, pour leur bénéfice commun, à la richesse du pays. Par anticipation sur ces temps de lumière et pour en faciliter l'avènement, tout doit être fait pour que ceux qui sont séparés se retrouvent, se perçoivent comme semblables et, disposant des mêmes droits, se sentent compatriotes.

Pour favoriser la cohésion et la fraternité, il faut restaurer les institutions qui y contribuent, tel le service militaire ou, du moins, national dont la suppression a eu des conséquences lourdes et graves en termes d'appartenance nationale. Il faut sortir le pays de l'abandon communautariste auquel il s'est laissé aller. L'enfermement des hommes les dresse toujours les uns contre les autres. L'inconnu ne tarde pas à devenir l'ennemi.

L'accès à la chose publique par des membres de la société civile est une manière de se retrouver sous le même drapeau. Loin de constituer une intrusion saugrenue dans un domaine réservé, il est le signe d'une nation en marche, il manifeste le « désir de vivre ensemble[1] » et préfigure, certes modestement, une France forte, unie, réconciliée, riche et fière de ses différences.

Telles sont les raisons et les finalités, hâtivement brossées au fil de la plume, qui ont conduit à la rédaction de cet ouvrage.

Il ne suffit pas de brandir sa citoyenneté pour être recevable à juger de toutes choses. Les affaires publiques ont une dimension technique dont l'ignorance invalide le propos critique ou la suggestion réformatrice. Aussi bien celui qui s'exprime doit-il tout naturellement rendre compte à ceux qui le lisent ou l'écoutent de son aptitude à traiter le sujet qu'il expose.

Je n'entends évoquer ici que la justice, telle qu'elle existe dans notre pays, en traçant quelques-unes des voies que, selon moi, il faudrait suivre pour améliorer ce service public, plus nécessaire encore que beaucoup d'autres – pourtant précieux – à l'équilibre d'une nation. Un pays où la justice n'est pas fiable, qu'elle soit suspectée d'incompétence ou de partialité, qu'elle soit sous influence politique ou qu'elle ne soit plus que le prétexte d'un combat idéologique, est un pays où règne une insécurité dont le citoyen est inévitablement

1. *Id.*

victime. Qu'on me comprenne bien : je ne dis pas que la justice française est atteinte de tous les maux que je viens de citer. Bien des pays pourraient nous envier ce qu'elle est. Mais, ce qui décide de la liberté, de la fortune, de la réputation des individus ou de l'équilibre des familles exige l'excellence et notre degré de développement démocratique nous impose de l'installer. Une analyse un peu serrée montre vite qu'il reste du chemin à parcourir. J'ai largement dépassé les quarante ans de vie judiciaire et l'expérience acquise, durant cette longue période au barreau de Paris, m'autorise à dénoncer quelques anomalies et à prendre position sur ce que doit être la justice de demain. Il me semble dès lors que je devrais échapper à « cette fureur d'écrire avant que de penser et de juger avant que de connaître[1] ».

1. D'Alembert, « Éloge de Monsieur le Président de Montesquieu », *Encyclopédie*, vol. 5.

Chapitre I
Les juges

La difficulté d'une réflexion sur la justice se fait sentir dès les premiers instants : sait-on précisément ce qu'est l'institution judiciaire et où il convient de la situer dans l'appareil d'État ?

Une vieille tradition impute à Montesquieu d'avoir prétendu que trois pouvoirs distincts constituaient l'État : l'exécutif, le législatif et le judiciaire. Chacun de ces pouvoirs exercerait sa mission dans une sorte de sphère autonome, interdite aux autres pouvoirs, et, de cette ignorance mutuelle, naîtraient l'équilibre et la modération, chaque faculté d'agir bornant la tentation expansionniste de l'autre : « Pour qu'on ne puisse abuser du pouvoir, il faut que, par la disposition des choses, le pouvoir arrête le pouvoir[1]. »

1. Montesquieu, *De l'esprit des lois*, livre XI, chapitre 4.

Mais quel sens faut-il donner à cet appel à l'équilibre ? S'agit-il seulement de rappeler les missions de l'État, de décrire le champ du régalien, d'inscrire l'action judiciaire dans les actions prioritaires et impératives du politique, comme la conception de la loi et l'exécution de ce qu'elle impose, l'intégrité du territoire, la paix publique et l'universalité de l'accès au savoir ? On ne peut que souscrire à l'idée que l'ordre public et la sécurité entrent dans les obligations premières des dépositaires du pouvoir envers ceux qui les ont missionnés.

Or la justice fait partie de la paix publique ; elle en est l'instrument, même s'il faut convenir qu'elle intervient précisément quand l'ordre a été bafoué et qu'il faut apporter une réponse, en forme de contre-attaque, au fait criminel qui est un scandale au regard de la loi et un outrage pour ceux qui en sont les serviteurs et les garants. C'est la raison pour laquelle il appartient de longue date aux gouvernants de faire respecter l'ordre et donc de punir ceux qui s'affranchissent des règles que l'État impose à tous. En d'autres termes, la justice est une tâche fondamentale que le souverain doit à son peuple, que ce souverain soit un monarque ou une abstraction comme l'État démocratique, inévitablement confié pour un temps à des individus déterminés. Retenons pour lors que la justice est l'affaire de l'État, qu'elle n'appartient à personne, si ce n'est au peuple au nom duquel elle est d'ailleurs rendue. En ces temps de confusion des notions les plus simples, le rappel de vérités élémentaires peut ne pas être inutile.

La puissance de juger n'est pas le pouvoir d'une classe sociale déterminée ; elle est un dépôt temporaire entre les mains de ceux auxquels l'État a confié cette mission.

La justice n'est pas un pouvoir autonome ; elle est une mission de l'État. Elle ne s'oppose pas au pouvoir politique comme le clergé sous l'Ancien Régime se distinguait du roi en incarnant un pouvoir d'une essence différente du pouvoir temporel. Elle procède du pouvoir étatique qui en confie l'exercice à des délégués. Jadis toute justice procédait du roi et tout juge n'était que le délégataire du monarque. Structurellement les choses ont peu changé, le pouvoir de juger est toujours conféré aux juges par l'État qui les nomme et les missionne. Ce qui a disparu, c'est la justice retenue, ce pouvoir qu'avait le roi de se réserver le jugement d'une affaire ou de rectifier la décision de son délégué[1]. C'est parce qu'ils sont délégataires de la puissance publique que les juges sont légitimes. On ne saurait donc opposer le pouvoir de l'État à celui de la justice qui n'en est qu'un aspect ou, si l'on préfère, un démembrement.

1. Demeure le droit de grâce présidentiel – résidu monarchique – qui, exercé avec discernement et sous le regard de la nation, rectifie parfois utilement des situations dont le règlement judiciaire peut être inadapté. Je pense à des cas limites, comme celui des femmes battues qui tout à coup se révoltent jusqu'à l'homicide, ou encore celui des médecins qui par compassion abrègent les souffrances de malades incurables.

Le corps judiciaire procède de l'État et ne saurait sans aberration s'opposer à la source de son autorité ou, pire, tenter de dominer le pouvoir qui l'a créé.

En d'autres termes, le corps de ceux qui rendent la justice appartient à l'État et ne saurait s'opposer à lui sans aberration. Si un conflit est possible entre l'exécutif et le législatif, c'est parce que ce sont des pouvoirs concurrents et qu'au fil de l'histoire chacun d'eux a été tenté de se passer de l'autre. La justice, elle, n'est en concurrence avec aucun pouvoir, à moins qu'elle ne décide d'outrepasser le rôle qui lui est assigné dans l'État. Elle ne saurait toutefois exister sans indépendance. On ne peut, sans outrage à la plus élémentaire moralité politique, faire pression sur elle et lui dicter ses décisions, sauf à vouloir défendre ce que Montesquieu appelait despotisme et ce que les temps modernes ont appelé dictature.

Mais cette nécessaire autonomie des conditions d'élaboration de la décision judiciaire, l'indépendance absolue des juges qui la construisent, n'a rien à voir avec l'idée d'un pouvoir propre, équivalent aux deux autres.

Le juge est indépendant du pouvoir politique, mais il ne détient pas de pouvoir politique indépendant.

Les juges ne sont pas propriétaires du pouvoir qu'ils exercent. Leur mission consiste à adapter à un cas spécifique et concret la norme légale, générale et abstraite. Dans cette œuvre-là, ils sont souverains et autonomes. Mais l'indépendance qui entoure cette mission n'est pas autre chose qu'un rempart mettant ceux qui agissent à l'abri des influences extérieures ; elle n'est pas le signe révélateur d'un pouvoir institutionnel qui existerait en dehors de l'action où il se manifeste. Plus simplement le fait de juger est un pouvoir qui se développe dans l'indépendance ; mais le juge, pris en dehors de son action juridictionnelle, n'est qu'une autorité respectable, pas un pouvoir politique.

Ni le pouvoir exécutif, ni le pouvoir législatif ne peuvent être tenus pour exempts de la tentation de confisquer la puissance de juger. L'omnipotence de l'exécutif est inscrite dans notre histoire monarchique et lorsque la Révolution vint contester le pouvoir absolu, elle installa un pouvoir d'assemblée qui se para bien vite des attributs de la puissance déchue.

Il n'est donc pas vain de vouloir protéger la justice de l'appétit des membres de ces deux pouvoirs. Les juges, pour sauvegarder leur indépendance, n'ont d'autres armes que leur intelligence, leur probité et leur morale. Ce sont là de bien faibles défenses pour contrer le désir hégémonique des politiques. Il est toujours à craindre qu'un pouvoir politique soit tenté d'entraver le cours de la justice, pour protéger l'un des siens ou faire prévaloir une conception juridique favorable à ses intérêts. Il faut donc mettre les juges à l'abri des pressions, les placer en un lieu hors d'atteinte du politique. Cet objectif nous paraît suffisamment garanti par le Conseil supérieur de la magistrature et le pouvoir exclusif qu'il a sur la carrière et les promotions des juges.

Mais si le pouvoir doit arrêter le pouvoir, il faut aussi envisager de protéger l'exécutif et le législatif d'une tentative de domination judiciaire, l'histoire contemporaine montrant que l'hypothèse ne repose pas sur une crainte vaine.

Même Montesquieu admet que la puissance de juger n'est pas un pouvoir équivalent aux deux autres. Deux pouvoirs, mais trois puissances, précisera Althusser.

Cette concurrence des pouvoirs est-elle réelle ou imaginaire ? Montesquieu, à qui l'on prête la paternité de cette trilogie conflictuelle, ou du moins rivale, en avait une vision bien différente de celle que l'histoire lui fera endosser : « Des trois puissances dont nous avons parlé, celle de juger est en quelque façon nulle » ajoutant même : « Il n'en reste que deux »[1]. « Deux pouvoirs mais trois puissances », précisera Althusser[2] qui conclura au mythe de la séparation des pouvoirs pour la double raison que des interférences existent et surtout que la puissance de juger n'est pas un pouvoir politique.

Cette lecture de l'*Esprit des lois* paraît une évidence logique, même si elle prête historiquement à discussion : d'abord parce que Montesquieu fut membre du Parlement de Bordeaux dès l'âge de vingt-cinq ans et que les parlements d'alors s'étaient réapproprié un rôle politique à travers le droit de remontrance que le régent venait de leur restituer[3]. Montesquieu ne pouvait ignorer cette rivalité des pouvoirs qui opposaient les parlements au roi. Il concevait donc clairement que la « puissance de juger » pouvait exercer une pression sur l'exécutif, confondu avec le législateur en ces temps de monarchie absolue. Ensuite, parce qu'il faut retenir la condition mise à l'inexistence politique du judiciaire : « … la puissance de juger, si terrible parmi les hommes n'étant attachée ni à un certain état, ni à une certaine profession, devient, pour ainsi dire, invisible et nulle[4]. »

Quittons un instant l'exégèse de l'*Esprit des lois* pour revenir à la période contemporaine. Comme les magistrats des parlements de jadis, les juges

1. Montesquieu, *De l'esprit des lois*, livre XI, chapitre 6.
2. Louis Althusser, *Montesquieu, la politique et l'histoire*, Paris, Puf, « Quadrige », 2003.
3. Le 2 septembre 1715, alors que Montesquieu était devenu conseiller au Parlement de Bordeaux en 1714.
4. Montesquieu, *ibid.*

d'aujourd'hui sont nombreux à revendiquer un droit à la dimension politique de leur action, droit dont on peut se demander s'il est compatible avec leur mission.

La période contemporaine voit le juge revendiquer le caractère politique de son action, au mépris de la neutralité qu'on attend de lui.

L'obligation de réserve du juge est le pendant de la neutralité qu'il doit offrir au justiciable, pour que ce dernier sache qu'on ne porte pas sur lui un jugement partisan. Et pourtant la présidente du syndicat de la magistrature déclarait en 2014 : « Le juge "neutre" n'existe pas et c'est tant mieux. Il n'est pas un être désincarné, il pense et a des opinions personnelles. Entre la loi et le cas particulier, il y a un espace rempli par le juge avec ses valeurs, ses convictions, sa personne[1]. » Si ce propos n'avait d'autre signification que de dénoncer le caractère inaccessible de la vraie neutralité, l'impossible effacement de la dimension subjective d'une œuvre de justice, l'inconcevable oubli de soi et de ses convictions quand on lit un texte, fût-il de loi, et qu'on se prononce en fonction de ce que l'on croit juste, la confession de celui qui perçoit

1. Propos cité par le professeur Bertrand Mathieu dans *Justice et politique : la déchirure ?*, Paris, LGDJ, 2015.

la fin qu'on lui assigne comme hors de portée serait non seulement admissible, mais admirable de modestie ; elle montrerait le noble souci de se rapprocher autant que possible de l'idéal et la crainte ressentie à l'idée de n'y point parvenir. Mais qui aura la naïveté de prendre cette assertion triomphante pour l'expression prudente et réservée d'un regret ? Il s'agit bien d'une revendication partisane, subjective et politique, en un mot tout le contraire de la neutralité, désormais vouée aux gémonies pour être l'apanage du juge soumis.

L'affirmation, plus directe encore, d'un ancien président du même syndicat finit de nous persuader : « Il apparaît donc impérieux de repolitiser la question judiciaire, au sens où il importe de rompre avec le double fantasme du magistrat neutre et du magistrat à neutraliser. Repolitiser pour réhumaniser le regard que nous portons sur la justice. Repolitiser pour enrichir le débat public sur ces questions et permettre leur appropriation par les citoyens[1]. » Cette fois, on frémit en s'interrogeant sur cette politisation de la justice, sur l'assimilation du juge neutre à sa neutralisation, comme si le juge n'imaginait plus d'exister que dans l'engagement politique qu'il ne distingue plus de l'engagement judiciaire. On songe inévitablement à la formule célèbre : « Tout homme qui a du pouvoir est porté à en abuser[2]. »

1. *Id.*, *ibid.*
2. Montesquieu, *De l'esprit des lois*, livre XI, chapitre 4.

Rappelons-nous que Montesquieu disait que la puissance de juger était politiquement nulle, car elle n'était attachée ni à un état, ni à une profession, étant exercée, selon ses préconisations, par des juges temporaires ressemblant fort à ce qu'on appellera bientôt des jurés. Mais, aujourd'hui, la magistrature est une profession qu'on exerce souvent tout au long d'une vie. Elle est donc un état ; ce qui explique que la puissance de juger ait cessé d'être *invisible* et *nulle* et qu'elle soit devenue l'instrument d'un choix personnel étranger à une neutralité désormais honnie. Va-t-on admettre comme inexorable cette politisation de l'action de juger ? Oubliera-t-on, comme désuète et dépassée, cette exigence de Montesquieu rappelée par d'Alembert : « Que les magistrats, dans quelque circonstance et pour quelque grand intérêt de corps que ce puisse être, ne doivent jamais être que magistrats, sans parti et sans passion, comme les lois qui absolvent et punissent sans aimer ni haïr » ?

Le principal aléa judiciaire se situera-t-il désormais dans l'interprétation politique d'une cause, au prétexte qu'elle ouvrirait un débat public où les juges-citoyens s'approprieraient la question qui ne leur est pas posée ? Le juge va-t-il devenir le mandataire imaginaire du peuple, s'autorisant toutes les interprétations, même les plus contraires à la lettre de la loi, au nom du mandat fantasmé que le souverain lui aurait donné ? Rappelons avec vigueur que ce mandat est un mythe ; le juge, quand il le revendique, se plaît à croire réel le rêve de pouvoir qu'il caresse ; bientôt il se met à rêver que le peuple, déçu par les politiques, cherche à voir sa volonté traduite par d'autres que les élus et – pourquoi pas ? –, contre eux précisément. La dévalorisation du personnel politique est une réalité, mais s'autoproclamer désormais dépositaire d'un pouvoir dont les titulaires légitimes auraient déçu relève d'un mélange inquiétant entre l'ivresse de soi et le goût de l'usurpation.

Pourtant la contamination rampante de la décision judiciaire par l'inspiration politique n'est pas un leurre. Un récent Premier Président de la Cour d'appel de Paris, chef de la plus importante juridiction d'Europe, écrivait ainsi, juste après avoir quitté ses fonctions, qu'« au nom d'une conception dévoyée de l'indépendance » on pourrait aboutir à « une justice activiste composée non de juges, mais de prêtres missionnaires détenteurs d'une vérité révélée »[1] !

Un rappel à la raison s'impose : il n'y a, à l'évidence, de justice digne de ce nom que si le juge est libre, indépendant, sans parti pris, et seulement soucieux de la loi. Le respect du justiciable n'est envisageable qu'à ces conditions qui n'en font qu'une qui s'appelle l'équité. Il est en conséquence fondamental de s'interroger sur les raisons de cette tentation politique pour en juguler les effets destructeurs. Est-ce un hasard si, au moment même où la *tentation de Venise* s'empare de trop de nos concitoyens, certains juges, qui ne

1. Jean-Claude Magendie, *Les Sept Péchés capitaux de la justice française*, Paris, Léo Scheer, 2012.

devraient obéir qu'à la loi, succombent à la *tentation du Capitole*, sans même se rendre compte qu'ils se laissent ainsi séduire par le chant de sirènes maléfiques qui les convient à la trahison de leurs devoirs ?

Toute qualification politique d'un juge, si elle est fondée, n'est autre qu'une disqualification.

Au-delà de l'indignation qu'on ressent à l'idée d'un juge politique – toute qualification politique d'un juge est une disqualification : un juge rouge, un juge de droite, un juge aux ordres n'est pas un juge –, il faut se poser la question de savoir pourquoi certains juges, au nom de la liberté qui protège leur mission, osent franchir le pas de la revendication d'une justice politique. Il ne peut s'agir d'un hasard.

En France, on devient juge vers l'âge de vingt-cinq, vingt-sept ans, après de solides études et un concours difficile qui sélectionne les meilleurs. Nos magistrats sont – à n'en point douter – un corps d'élite ressemblant à ceux des autres grandes écoles. Avec cependant une différence de taille : les normaliens ne sont pas tous professeurs, les polytechniciens n'exercent pas tous comme ingénieurs et les énarques sont partout. C'est dire que les alter ego des magistrats ont des perspectives diversifiées et une certaine liberté de choix de leur avenir. Liberté d'opinion aussi. On n'exige d'aucun de ces grands corps une neutralité complète ; ils ont le droit d'afficher des engagements, de faire des carrières politiques, de s'engager dans un parti, de soutenir ou de combattre les idéologies du moment, bref d'être des citoyens à part entière.

Le juge, lui, entre en justice comme jadis on entrait dans un ordre régulier : il est une sorte de moine dont non seulement l'opinion ne doit pas être manifestée, mais qui a même le devoir de ne pas avoir d'opinion trop tranchée. La neutralité en effet ne saurait s'accomplir par la dissimulation d'une opinion, par l'étranglement d'une pensée ; elle consiste à être capable de donner raison à celui qui ne pense ni ne vit comme on estime qu'il faudrait penser ou vivre. La meilleure voie pour parvenir à cette équanimité, c'est encore de ne pas avoir d'opinion trop définitive. Qu'on le veuille ou non, le partisan qui prétend s'efforcer de juger en laissant au vestiaire ses certitudes, ses options positives et ses détestations, se trompe lui-même. C'est la raison pour laquelle je regarde la syndicalisation des juges avec inquiétude. Si elle n'était que la défense d'intérêts catégoriels, il n'y aurait rien à y redire, mais elle est en réalité le prétexte d'un regroupement politique, l'adhésion à un parti qui ne dit pas son nom, c'est-à-dire un engagement incompatible avec l'obligation de neutralité qui s'attache au statut des magistrats. D'aucuns diront que cette conception est dépassée, réactionnaire, désapprouvée par l'histoire et que la meilleure preuve en est que la Cour européenne des droits de l'homme a récemment décidé qu'il fallait que les militaires eux-mêmes puissent avoir des syndicats. C'est oublier que dans la tradition française, derrière le syndicat, se profile le parti, comme derrière l'affilié le militant. Il est possible qu'à Strasbourg les juges européens aient du syndicat une perception plus conforme à l'idée scandinave de défense catégorielle qu'à la conception française de courroie de transmission politique.

Je suis cependant convaincu que beaucoup de nos juges font un réel effort d'objectivité et qu'à défaut d'être neutres, ils essaient de s'autoneutraliser. Car les juges ne sont pas seulement une élite intellectuelle, ils constituent aussi un corps où l'exigence morale est une profonde et permanente préoccupation. Il est vrai aussi que des juges de gauche ont déclaré innocents des prévenus de droite et inversement. Ce qui est préoccupant, c'est qu'il existe des juges de gauche ou de droite et qu'on se soit habitué à comparaître devant des juges qui ont des préférences, des rédhibitions et des adversaires politiques.

Revenons un instant à l'effort de neutralité : j'admets que tous les juges – ou du moins une forte majorité d'entre eux – tendent vers cet idéal, qu'ils tiennent à raison pour une obligation déontologique de leur fonction. Mais qui peut raisonnablement croire que le militant du matin s'est dégagé de toute inclination politique l'après-midi, même s'il s'efforce à cet exercice impossible ? Pourquoi la prise de position politique d'un individu cesserait-elle miraculeusement de produire un quelconque effet lorsque celui-ci exerce des fonctions juridictionnelles ? L'hypothèse d'un cloisonnement interne de la pensée pourra bien être alléguée autant qu'on voudra, elle ne convaincra personne. D'autant plus que l'engagement politique, ici mis en lumière, n'est pas un dérapage, mais le résultat d'une revendication.

Politisation et syndicalisation du monde judiciaire ont connu un développement simultané. L'affaire du « Mur des cons » en est la tragique illustration.

Qu'on se souvienne de l'affaire du « Mur des cons ». Un syndicat de magistrats, dans son local, ouvert au public de temps à autre, affichait sous cet intitulé singulier les photos de diverses personnalités, publiques pour la plupart, et appartenant pour l'essentiel à des partis de droite. Il y a de la violence dans cette démarche. On a évoqué un péché de légèreté, une plaisanterie de potache, un comportement privé qui n'aurait pas dû être connu du grand public. La légèreté est-elle donc ce qu'on attend d'un juge et la « vie privée » doit-elle couvrir des pensées qui, rendues publiques, feraient frémir ? Ceux qui ont été ainsi placardés sur le « Mur des cons » peuvent-ils croire encore qu'ils seront jugés en toute impartialité ? Et s'il arrive que l'un d'eux le soit, la chose apparaîtra comme un miracle, car la crédibilité de l'institution judiciaire restera marquée, flétrie, entachée d'un soupçon de partialité. Ce soupçon, il faut le lever. Comment s'y prendre ? On ne peut demander aux juges d'être différents de ce qu'ils sont devenus. Ils n'y consentiraient pas ; l'option politique, jusque dans la décision juridictionnelle, est pour certains un droit et même un devoir.

L'exigence de neutralité est, pour beaucoup, une frustration, une confiscation de la liberté politique. Peut-on imposer un tel statut à des êtres jeunes et brillants ?

Peut-on d'ailleurs leur tenir rigueur d'avoir refusé de se placer en dehors du monde ? Mesure-t-on bien ce que peut renfermer de souffrances et de frustrations cette renonciation à la citoyenneté qu'exige la neutralité ? Était-il humainement raisonnable d'imposer un tel sacrifice à des femmes et des hommes qui, au surplus, possèdent bien des qualités pour prétendre légitimement s'emparer des affaires de l'État ? Nous le rappelions plus haut, on entre en magistrature avant l'âge de trente ans. Ces jeunes et brillants lauréats du concours d'entrée à l'École nationale de la magistrature verraient leurs qualités et leurs efforts récompensés par une marginalité civique, par une interdiction de tout militantisme durant les quarante ans de leur carrière, par toute une vie d'abnégation et de silence en dehors des décisions rendues ! Une telle exigence est sans doute excessive et la question se pose du caractère raisonnable de son maintien… ou de l'illusion qu'elle véhicule.

Mais on ne peut pas plus admettre la politisation programmée de la décision de justice.

La fonction de juge suppose une connaissance de l'autre que l'intelligence et la culture ne suffisent pas à donner.

Est-il en outre raisonnable de faire peser sur des êtres sans aucune expérience de la vie le jugement de leurs semblables ? L'intelligence ne permet pas d'accéder à tout et, qu'on le veuille ou non, le temps nous apporte chaque jour son lot d'enseignements. On évoque parfois l'erreur excusable du jeune juge inexpérimenté. L'affaire d'Outreau en a été l'exemple le plus public. Mais la faute n'est pas alors celle du juge, mais celle de l'institution judiciaire qui a laissé l'un des siens assumer une mission trop lourde pour ses frêles épaules. À moins qu'on ait feint d'oublier une responsabilité plus collective pour faire reposer l'échec sur un homme seul, sorte d'exception d'incompétence laissant intact l'honneur du corps tout entier. En toutes circonstances la théorie du bouc émissaire peut avoir ses vertus. Sur un autre terrain, que sait ce jeune juge des affaires familiales, encore célibataire, des troubles divers qui traversent la vie d'un couple ou de ce qui est le mieux pour un enfant dont les parents se séparent ?

Quand j'étais encore un jeune avocat, les juges parisiens, qui n'avaient alors jamais moins de cinquante ans, avaient connu la guerre et accumulé une vraie connaissance des hommes et de leurs folies. Ils savaient relativiser la gravité des comportements et percevaient que tout ce qui était illégal n'était pas pour autant tragique. J'ai connu aussi quelques-uns des magistrats de la justice coloniale que le démembrement de l'Empire avait fait rejoindre le corps de leurs collègues hexagonaux. Certains étaient hauts en couleur et il n'était pas rare que – au mépris de l'ordonnance de Villers-Cotterêts, dont l'existence leur était d'ailleurs inconnue – l'un d'eux échangeât avec le prévenu en arabe, en swahili ou en bambara. Tous n'avaient pas le raffinement qu'on exige à la Cour de cassation, où d'ailleurs ils n'étaient pas appelés ; mais on sentait chez eux l'épaisseur de l'expérience, l'autorité que donnent la connaissance du monde, la modération et la sagesse. Leur seule personnalité conférait à leurs décisions une respectabilité qu'on lisait dans le regard de ceux qui en étaient l'objet.

Cette vision nuancée est en recul. Il suffit désormais qu'existe une faute théorique pour que la répression soit justifiée. Toute émancipation est devenue insupportable. Celui qui n'a pas d'autre choix que de juger, au nom d'une morale et d'une loi que l'expérience n'a pas pu éprouver, se réfugie immanquablement derrière le modèle abstrait, intellectuel, celui qui n'existe pas.

Quand on entre à l'âge de vingt-cinq ans dans le monde de la justice, sans l'idée d'en jamais sortir, il est inévitable de considérer les autres comme suspects, ou du moins assez imparfaits pour s'affranchir des règles qu'on est soi-même en charge de faire respecter. La vocation de juger s'accompagne nécessairement de la certitude qu'on en est capable, de la conviction qu'on est conforme dans un monde livré à toutes les déviances. L'autre n'est pas à proprement parler un ennemi, mais il est autre. La différence qui le caractérise, c'est cette capacité de franchir la frontière de la loi, de négliger ce que la morale impose. Alors, le juge se recroqueville sur sa pureté, se réfugie dans sa morale, fréquente de plus en plus ses collègues pour éviter de s'approcher du diable en flirtant avec une altérité douteuse. Une certaine rupture est consommée ; une caste est constituée. Il ne lui reste plus qu'à s'affirmer dans le rejet de ce qui n'est pas elle.

À trop se croire vertueux – même si c'est à juste titre –, on regarde les autres, ceux qui se salissent les mains dans les affaires du monde, comme des êtres corrompus. On songe à la boutade célèbre de Péguy : « Le kantisme a les mains pures, mais il n'a pas de mains. » À ceci près que le perfectionnisme idéologique en milieu judiciaire ne peut se réfugier dans la distanciation méprisante du monde ; le devoir du juge est dans la prise de décision. Pour y parvenir il doit être à même de comprendre celui qui comparaît devant lui. Il faut qu'il connaisse l'éducation qu'il a reçue et celle dont il a été privé, les valeurs premières qui constituent ses références ; en un mot tout ce qui explique un comportement.

Les juges, à la vérité, ne sont pas ignorants de ce qui les sépare des justiciables ; ils savent, par ouï-dire, ou par livres interposés, ce que sont ces milieux sociaux qu'ils n'ont jamais directement fréquentés ; ils essaient de tenir compte de ces différences culturelles dans les jugements qu'ils prononcent. Mais le justiciable a-t-il, lui, le sentiment d'être compris ? Montesquieu affirme qu'il convient que « les juges soient de la condition de l'accusé, ou ses pairs, pour qu'il ne puisse pas se mettre dans l'esprit qu'il soit tombé entre les mains de gens portés à lui faire violence ». À supposer que le jury populaire réponde peu ou prou à cette exigence, qui prétendra qu'il en va de même des juridictions composées exclusivement de juges professionnels ?

Le pauvre peut encore espérer que sa condition soit prise en compte. Non qu'elle soit vraiment connue, mais parce que les carences de son état sont autant de raisons, pour cet aristocrate sociologique qu'est le juge, de culpabiliser en décidant de son sort. Dès lors, un peu d'indulgence, une vision atténuée de la responsabilité du démuni répondront au malaise qu'on ressent à juger celui dont la conscience et le comportement ont été déterminés par les circonstances. Les formules marxistes sont aujourd'hui presque oubliées, mais la thèse de la détermination des hommes par leur environnement et leur histoire reste profondément inscrite dans les esprits, du moins quand on parle de ceux qui, loin de tous les pouvoirs, paraissent d'autant plus aisément conduits par les circonstances qu'il est rare qu'ils les dominent.

Pour le privilégié il en va de même, mais à l'inverse. Déjà lorsqu'il est moralement exemplaire, il demeure l'oppresseur du peuple, le profiteur, celui pour qui la perfection serait la moindre des choses, s'il ne s'agissait, pour lui comme pour chacun de nous, d'une fin inaccessible. Il n'est pas nécessaire d'être un marxiste convaincu pour penser ainsi ; c'est la doctrine dominante. Si libéral qu'on puisse être, on sent bien qu'au fond de soi on exige plus du nanti et de l'éduqué que du pauvre et du laissé pour compte de la culture. D'aucuns prétendent dominer, commander, jouir d'un statut matériel hors du commun et bénéficier d'une considération qui les distingue ; et ceux-là n'auraient aucune obligation qui les contraigne plus qu'un citoyen ordinaire ? Si la faute du privilégié concerne l'appât du gain, elle est d'autant moins excusable qu'il est rarement dans le besoin. Si elle est passionnelle, on ne pourra ignorer qu'il disposait d'un arsenal éducatif et moral suffisant pour se dominer. Qu'il soit chef d'entreprise ou responsable politique, le justiciable privilégié peut craindre de tomber « entre les mains de gens portés à lui faire violence ». À quel moment la chance sera-t-elle donnée au justiciable, possédant le pouvoir ou l'argent, d'être soumis au regard et à l'analyse de ses pairs ? Serait-il déraisonnable – dans les affaires financières, comme dans les dossiers de droit commun, d'envisager de faire siéger des « *homologues* » du prévenu aux côtés des juges professionnels ? S'indignerait-on qu'on donne au justiciable la possibilité de désigner, sur une liste préétablie, celui de ses semblables qui compléterait le tribunal amené à le juger, tandis que le Parquet userait du même droit pour qu'un second « *homologue* » constitue la juridiction avec les trois juges professionnels ? Que ceux que cette formule gêne se rappellent que l'accusé dispose en cour d'assises d'un droit de récusation des jurés qu'on tire au sort pour statuer sur son cas.

Tout justiciable doit pouvoir être jugé par ses pairs. Il faut organiser la mixité sociale des tribunaux, afin que puissent y intervenir des homologues de celui qu'on poursuit.

La justice ne doit plus tomber sur les êtres comme la foudre des dieux s'abattait sur les hommes de l'Antiquité. Le monde judiciaire doit appartenir à la cité, en être une émanation ordinaire. Les jugements sont rendus au nom du peuple français ; donnons à cette formule un contenu concret en faisant participer les citoyens à la justice correctionnelle, comme ils sont un rouage essentiel de la justice criminelle. Il existe déjà des juges dits de proximité ; il suffirait de les faire intervenir dans les dossiers où leur expérience professionnelle serait une véritable plus-value.

Ainsi, non seulement la personne poursuivie n'aurait plus l'impression que ceux qui la jugent sont étrangers à son milieu et ignorants des difficultés qu'il a pu rencontrer, mais il lui serait aussi difficile de contester une décision de justice qui, pour partie au moins, aurait été l'œuvre de ses pairs. Je l'ai déjà dit, le risque du préjugé social n'est pas partout : il y a des juges capables de résister à leurs passions, il en est même qui n'en ont pas. Mais quand un système n'est tolérable qu'à la condition d'être pratiqué par des êtres d'exception, il faut convenir que la formule est à revoir.

J'ai envisagé la perte de légitimité de la décision de justice, la dévalorisation de condamnations fondées sur l'incompréhension d'un milieu social et des contraintes qu'il génère, comme des comportements qu'il induit. J'invite ceux que cette analyse conduirait à l'indignation à ne voir dans ce propos que le souci de la préservation de l'autorité de la justice. Il ne suffit pas que tombe l'anathème, encore faut-il qu'il ne disparaisse pas dans l'indifférence générale. L'idée n'est pas abstraite : quelle est l'effectivité, parmi les millions de catholiques français, de l'interdit que pose l'Église sur l'avortement ou de la *capitis diminutio* des divorcés remariés ? Or le mouvement a commencé : on sait qu'il existe – et on le répète à loisir – des condamnés qui ne sont pas de malhonnêtes gens ; des hommes politiques, condamnés par la justice, sont peu de temps après triomphalement réélus. Le tribunal du peuple tient de moins en moins compte de l'avis du juge ; l'autorité morale de la justice s'effrite, il faut la restaurer. Reste à savoir comment.

L'expérience et la maturité qu'on est en droit d'attendre d'un juge supposent qu'on ne devienne juge qu'après vingt ans d'exercice d'une autre profession.

De tout ce qui vient d'être dit, personne n'est coupable et surtout pas les juges qui sont devenus ce que la République a fait d'eux. Mais nul n'a de droit acquis au *statu quo* et l'idée d'une réforme ne fait outrage qu'à ceux qui ne supporteraient pas d'être privés d'un droit contestable. Je propose que le juge n'accède à cette noble fonction qu'après avoir accompli quinze à vingt ans d'une autre mission sociale. Il aura alors engrangé expérience et maturité. L'exigence de neutralité est insupportable pour un être jeune qu'on prive d'une liberté dont il n'a pas encore eu le temps de jouir. L'homme ou la femme d'âge mûr assumera plus aisément son obligation de neutralité, sans regret pour un militantisme dont pendant longtemps rien ne lui aura interdit la pratique et dont peut-être il aura fait l'expérience. Il renoncera à l'engagement politique, avec ou sans nostalgie, au nom du principe supérieur de la neutralité qu'il doit à son nouvel état. Cette transfiguration n'est pas une illusion : qu'on se rappelle Robert Badinter, évoquant du haut de sa présidence du Conseil constitutionnel, le « devoir d'ingratitude » que les membres de cette haute institution devaient avoir pour l'autorité politique qui les avait nommés.

Parce que le nouveau juge aura librement choisi d'abandonner l'engagement partisan, il ne percevra pas la neutralité comme une frustration à surmonter ou à contourner. Il aura de plus acquis, au fil d'années d'exercice professionnel en d'autres lieux, une connaissance des milieux sociaux et économiques divers qu'il respectera pour en avoir fait partie ou pour avoir porté et connu leurs préoccupations et leurs intérêts.

Les exigences intellectuelles ne devront pas être inférieures à celles d'aujourd'hui. Rien n'interdit qu'un concours de recrutement soit maintenu, même si le parcours d'un individu quadragénaire en dit plus sur ce qu'il est que n'en révélerait une épreuve anonyme. L'avis d'une commission *ad hoc*, habilitant l'impétrant à faire acte de candidature devra être mis en place. Ainsi seront sélectionnés les hommes et les femmes connus pour leur équilibre, leur modération, leur sens de l'équité, leur capacité de travail, leur moralité et leur souci du bien public.

Je ne retiens pas l'élection des juges. Elle ferait entrer la démagogie dans le recrutement du corps. En outre, si la légitimité du juge est un point à ne pas négliger, il n'a pas à avoir d'autre programme que la loi et ne doit avoir aucune tendance politique ; il n'a pas à plaire et doit seulement inspirer le respect. Dès lors sur quelles propositions pourrait-il faire campagne et solliciter les suffrages ? Il doit seulement être revêtu d'une autorité et d'une considération que le mode de recrutement ci-dessus décrit suffit à assurer.

Il restera à s'assurer que les meilleurs fassent acte de candidature. Il faudra avant tout que s'installe l'idée, acquise de longue date chez les Anglo-Saxons, que devenir juge est une promotion sociale, une façon éclatante d'être distingué. Ce nouveau statut social du juge implique un traitement revalorisé, présentant un caractère attractif et plaçant le juge au niveau le plus élevé de la fonction publique. L'avantage matériel pourra être réparti sur la période d'activité et sur la retraite, ce qui allégera la charge des finances publiques. Quant à l'âge de la retraite, il pourrait, sauf exception, être fixé à l'âge de soixante-huit ans jusqu'auquel les juges peuvent actuellement prolonger leur mission. Afin que l'état de juge fonde à lui seul la dignité de ceux qui assumeront cette mission, il conviendra de réduire singulièrement la pyramide hiérarchique. Seuls deux grades devraient subsister, celui de *juge* pour les premières années d'exercice, celui de *président* pour la suite, sans distinction entre la première instance et l'appel.

La crainte ici manifestée de voir le juge politiser sa fonction n'est ni une lubie, ni l'occasion de dénoncer un certain type d'engagement. Elle résulte d'une étrange conjonction de faits qui rendent presque marginales les déclarations provocatrices de certains leaders syndicaux.

D'abord le pouvoir politique faiblit, comme au XVIIIe siècle quand les Parlements s'emparaient des espaces laissés libres par le manque d'autorité des rois. Une curieuse conception de la démocratie s'installe : le bon exercice du pouvoir politique consisterait à n'en point faire usage. L'idée d'un *président normal* manifeste le rejet de toute personnalité d'exception, de tout volontarisme passionné. On choisit curieusement comme chef de l'État celui qui n'a pas trop l'air d'un chef. Derrière la certitude on voit la dictature, derrière l'aura l'abus de pouvoir se profile et l'autorité de l'orateur annonce le césarisme ! De Gaulle est loin qui avait su montrer que l'autorité de l'État ne va pas de pair avec la dictature. Il était, il est vrai, l'homme des situations d'exception, des périodes de crise où la France avait peur.

Des temps plus ordinaires appellent des hommes plus effacés. Reste à savoir si la période contemporaine n'est pas aussi troublée que le milieu du XXe siècle et si le chômage, le repli communautaire et le terrorisme ne sont pas d'aussi terribles ennemis menaçant la patrie que l'ont été jadis le nazisme, le démembrement houleux et sanglant de l'empire et la menace de la guerre civile.

Le juge a cessé d'être la bouche de la loi. Il prend prétexte de l'interprétation de la loi pour ajouter aux textes, voire pour annuler des dispositions que le législateur y avait placées.

Le juge a désormais officiellement rompu avec la définition restrictive de Montesquieu : n'être que la bouche de la loi. Mais est-ce une nouveauté ? Cet effacement devant la volonté du législateur n'a jamais été l'inclination spontanée du monde judiciaire. Il ne s'y est résolu que lorsque le pouvoir exécutif était assez fort pour l'y contraindre. Les parlements craignaient encore l'exil sous Louis XIV, mais de la Régence à la Révolution ils retrouvèrent le goût de la puissance politique et rivalisèrent avec le pouvoir royal, relevant la tête quand les monarques s'adonnaient aux plaisirs ou recherchaient avec peine une autorité qui leur filait entre les doigts. Est-ce un hasard si l'on a aujourd'hui l'impression que le pouvoir politique agonise dans l'impuissance et que les juges se posent en recours devant le peuple déçu ?

L'interprétation de la loi est une source de droit, c'est-à-dire une création. Encore faudrait-il que l'interprétation ne soit pas l'occasion d'une rectification, voire d'une annulation du texte de référence. Or, on en est arrivé à ce point d'excès. Sans rentrer dans des détails techniques, on peut dire qu'avec habileté, la jurisprudence a quasi supprimé la prescription pénale[1] en réduisant le Code de procédure pénale à une portée théorique et proclamatoire. La notion méritait peut-être une révision, mais elle ne relevait que du législateur qui s'en est délibérément abstenu pour ne pas encourir les reproches du peuple qu'il supposait hostile, comme les juges, à tout obstacle à la répression. Voilà une illustration précise d'un recul du pouvoir politique aussitôt compensé par une avancée judiciaire. La nature a horreur du vide…

Peut-on sérieusement se plaindre de cette tendance judiciaire à l'appropriation de la loi, devenue la chose du juge qui se sent plus légitime que quiconque à

1. En inventant la catégorie des délits et des crimes occultes qui ne commencent à se prescrire que lorsqu'ils sont connus dans des circonstances permettant leur poursuite.

en définir les contours ? L'évolution était inévitable dès lors qu'on confiait aux juges le pouvoir d'apprécier la conformité des textes législatifs à des principes généraux. Avec une sorte de réticence prémonitoire, on ne lui a d'ailleurs donné ce pouvoir qu'à demi : si la faculté est désormais acquise aux juges – judiciaire comme administratif – de mesurer la portée que doivent avoir en droit interne les principes généraux du droit européen, le contrôle de la constitutionnalité des lois a été réservé à une juridiction spécialisée. Mais le juge s'est tout à coup senti libre d'apprécier non seulement ce que la loi prescrivait, mais encore ce qu'elle aurait dû dire. Il s'est installé dans ce que Montesquieu appelle l'« esprit des lois »[1] et il serait vain d'imaginer que se referme cette brèche ouverte dans ce qui limitait la puissance de juger.

On a ainsi pu entendre un haut magistrat déclarer qu'il « appartient au juge d'adapter le droit aux attentes du corps social », comme si le juge, installé dans son rôle nouveau de tribun de la plèbe, se devait désormais d'écouter le peuple lui parler à l'oreille. On peut s'étonner d'un tel propos, le prendre pour un coup d'état judiciaire, mais, à bien y réfléchir, il est logique. Quand on permet au juge de se référer au droit naturel, il devient censeur de l'œuvre législative,

1. Rappelons que Montesquieu dès les débuts de son ouvrage précisait : « ... Je ne traite point des lois, mais de l'esprit des lois. » Quant à ce qu'est cet esprit des lois, ce sont « ces rapports d'équité antérieurs à la Loi positive qui les établit » (*De l'esprit des lois*, livre I, chapitre 1).

s'installe au mieux comme coauteur de la loi, au pire comme la seule source légitime du droit.

La question prioritaire de constitutionnalité est trop souvent neutralisée par le juge de sa seule transmission. Il faut donner au Conseil constitutionnel le pouvoir de se saisir des QPC non transmises.

De la même façon, en matière de contrôle de constitutionnalité, le juge fait un usage maximal du pouvoir, pourtant limité, qui lui a été donné. On sait que la question prioritaire de constitutionnalité, avant d'être, le cas échéant, tranchée par le Conseil constitutionnel, est soumise au juge du dossier à l'occasion duquel elle surgit. Ce dernier n'a qu'un seul pouvoir, celui de dire si la question est sérieuse, si elle se rapporte bien au litige dont il est saisi et si la problématique posée n'a pas déjà été réglée par la haute juridiction gardienne de la loi fondamentale. Cette procédure de filtre partait d'un bon sentiment. Il s'agissait d'éviter que le Conseil constitutionnel ne soit submergé par des questions irrecevables ou saugrenues. Mais le critère du sérieux de la question posée est traité par le juge à coups de serpe, à travers des appréciations à peine motivées et pour beaucoup fondées sur l'opportunité. Le juge s'est emparé avec gourmandise de ce contentieux de principe : en déclarant non sérieuse une question qui pourrait l'être, il bloque la survenance, toujours possible, parfois probable, d'une décision qu'il pressent déplaisante, surtout si elle porte sur sa jurisprudence. Le phénomène est d'autant plus clair que la Cour de cassation, Cour souveraine pendant deux siècles, a mal vécu l'idée que son interprétation de la loi soit soumise à une Cour, plus souveraine encore.

Ce constat appelle deux réponses : la première de simple bon sens, il ne faut pas s'étonner que le juge de la conventionalité, presque souverain face à l'intervention tardive et peu contraignante de la Cour de Strasbourg, puisse difficilement comprendre et accepter que la Convention européenne de sauvegarde des droits de l'homme soit soumise à son analyse, tandis que la Déclaration des droits de l'homme et plus généralement la constitutionnalité lui échappent. D'un point de vue pratique une réforme s'impose. Elle pourrait prendre deux formes alternatives. On pourrait tout d'abord aisément neutraliser l'effet de blocage, certains disent de verrou, que le juge impose aux QPC qu'il ne veut pas voir retenues. Il suffirait de donner au Conseil constitutionnel le droit de puiser dans les QPC non transmises celles qui lui paraissent avoir été rejetées à tort et mériter une réaction de sa part. Cette atténuation de l'effet de blocage du système du filtre serait une modification *a minima*. L'autre perspective, plus provocatrice, mais aussi plus radicale, consisterait à créer une cour suprême à laquelle serait dévolu le contentieux de la constitutionnalité et de la conventionalité des lois. Ainsi, le juge du fond redeviendrait l'analyste du fait, la *bouche de la loi*, puisque le droit naturel, la portée des principes échapperaient à sa compétence pour ne plus concerner que la Cour suprême… et le législateur.

Le juge est un régulateur social, un rouage important du fonctionnement de notre société. Nous lui avons même confié la police de la pensée en érigeant certaines thèses en délit, comme si tout ce qui est odieux ou seulement critiquable relevait de la loi pénale. Il doit conserver ce rôle éminent, mais sans outrepasser les frontières de son champ d'action, sans s'inventer une omnipotence qui dépossède le politique. On ne pourra toutefois y parvenir que si les élus du peuple se montrent dignes de la confiance dont leur désignation les investit, s'ils deviennent des modèles, si les déposséder apparaît comme une insupportable usurpation, alors que trop nombreux sont ceux qui vivent cette confiscation comme un juste retour des choses. C'est à cette condition que parlement et gouvernement pourront demain définir les contours et surtout les limites de la mission judiciaire, pour que ce qui est le superbe exercice d'un devoir ne devienne pas l'occasion d'une conquête.

Chapitre II
Les procureurs

On aura observé que nous n'avons jusqu'alors parlé que des « juges », évitant soigneusement l'expression globalisante de « magistrats ».

Le mot de « magistrat » vise le plus souvent les juges et procureurs de l'ordre judiciaire ; on l'utilise aussi pour désigner les membres de la justice administrative, mais moins fréquemment, car cette justice technique et dépassionnée intéresse moins l'opinion ; plus rarement encore « magistrat » renvoie à l'élu qui, à raison de ses fonctions, a le pouvoir de prendre une décision susceptible d'être exécutée par la force publique.

La magistrature est une dignité, pas la définition d'un corps.

Si par « magistrat » on devait entendre toute personne participant à l'œuvre de justice dans le strict respect d'obligations déontologiques et morales fortes et contraignantes ; en d'autres termes, si « magistrat » était une sorte de dignité, une désignation signifiant le respect dû aux hommes et aux femmes exerçant certaines fonctions difficiles et prestigieuses, nous admettrions sans difficulté que juges et procureurs méritent cette distinction. Mais une communauté d'exigences morales – au demeurant différentes – n'implique pas nécessairement une unité de corps. Au motif qu'ils partagent certaines valeurs, qu'ils se soumettent à des obligations voisines, ou encore qu'ils œuvrent dans le même domaine et agissent en référence à des principes communs renvoyant à une formation intellectuelle identique, ces hommes et ces femmes font-ils pour autant partie d'un même ensemble ?

Nul n'a jamais pensé à inclure le barreau dans la magistrature. Pourtant les avocats aussi participent à l'œuvre de justice ; leur formation universitaire est en large part la même que celle des magistrats, qu'ils ont souvent connus sur les bancs de l'université ; plus même, les avocats sont soumis à une déontologie assez proche de celle des juges et procureurs. Pourquoi alors les tenir à l'écart de la « magistrature » ? Certes, ils n'œuvrent pas pour l'intérêt général, mais pour la défense d'intérêts particuliers. Ils ne sont pas tenus à un devoir de vérité, même si le mensonge leur est interdit, puisque la défense du justiciable leur permet de ne pas révéler un élément défavorable ; ils sont même tenus au secret de la confidence reçue ; c'est dire qu'ils ont une obligation de dissimulation, là où les magistrats ont un devoir de vérité. Enfin, ils ne prennent pas de décision et ne sont qu'une force de proposition que le juge adopte, rejette ou modifie.

Le procureur n'est pas un juge indépendant.

Au regard de ce dernier constat, remarquons que le Parquet joue un rôle bien proche : il suggère, donne une interprétation, une analyse que la juridiction fait sienne ou non. En ce sens – même si nos textes ne corroborent pas l'assertion – le Parquet est bien une partie au procès pénal. C'est d'ailleurs ce que relève la Cour européenne des droits de l'homme dans des arrêts devenus célèbres, mais dont la lecture a prêté à des interprétations erronées, excessives ou guidées par l'opportunité. En effet les arrêts Medvedyev c/ France (Grande Chambre, 29 mars 2010) et Moulin c/ France (23 novembre 2010) soulignent bien que le statut des membres du ministère public en France ne remplit ni l'« exigence d'indépendance à l'égard de l'exécutif », ni celle d'*impartialité* (arrêt Medvedyev, § 57). Mais ce constat n'est ni un regret, ni une critique, encore moins une préconisation d'avoir à modifier ce statut. Il permet simplement à la Cour de Strasbourg de conclure que le procureur adjoint de Toulouse, comme n'importe quel autre parquetier français, ne peut « être qualifié [...] de juge ou [...] autre magistrat habilité par la loi à exercer des fonctions judiciaires » (arrêt Medvedyev § 59). En d'autres termes les juges européens constatent que le procureur n'est pas un juge. Qui donc aurait l'audace intellectuelle de les contredire ? Il faut toute l'imagination politique de certains parquetiers pour voir dans cet arrêt une injonction faite à la France de rendre son ministère public indépendant et de constater l'impartialité de ses membres. D'ailleurs, si l'on a bien retenu l'idée, politiquement exploitable, que les juges européens considéraient que les membres du Parquet étaient dépendants du pouvoir politique, on a presque passé sous silence le constat, dressé dans les mêmes décisions, selon lequel le procureur était partie au procès pénal et que, de ce seul fait, il ne pouvait être tenu pour un magistrat impartial et neutre.

Le procureur n'est pas neutre ; il soutient l'accusation.

Rappelons que la question juridique était de savoir devant quelle autorité judiciaire, légitimement chargée de contrôler la régularité de l'atteinte portée à la liberté de personnes interpellées et retenues, celles-ci devaient être *aussitôt traduites* (article 5 § 3 de la Convention européenne de sauvegarde des droits de l'homme). L'arrêt Medvedyev (124) répond clairement que cette autorité ne peut pas être celle qui pourra « agir par la suite contre le requérant dans la procédure pénale, à l'instar du ministère public », et précise plus loin qu'une telle présentation, faite à un juge d'instruction, aurait été conforme aux exigences de la Convention. C'est une façon de redire que le procureur n'est pas un juge et que son rôle d'accusateur est incompatible avec l'impartialité, essentiellement et définitivement incompatible. Cette dernière considération est la plus importante de celles qu'il faut retenir de ces décisions européennes, si souvent citées et commentées. Le Parquet est chargé de la poursuite et de l'accusation. Cette mission le caractérise plus que son hypothétique soumission au pouvoir politique qui, pour avoir été la réalité du passé, ne correspond plus à la période contemporaine, tant la complète autonomie de l'action quotidienne des procureurs, comme le nouveau mode de gestion de leurs carrières ont inauguré une ère nouvelle.

Le procureur est donc partisan, sans qu'on puisse songer à lui en faire reproche. Une seule conséquence peut être tirée de ce constat : l'indépendance, c'est-à-dire la neutralité de l'accusation, ne correspond qu'à un cas d'exception, qu'à une hypothèse marginale et négligeable. Il arrive aussi que la défense renonce à l'innocence…

Le ministère public occupe une place privilégiée dans le procès.

D'où vient dès lors qu'on persiste à confondre les juges et les procureurs ? D'où vient qu'ils soient eux-mêmes si peu enclins à se démarquer les uns des autres, au point qu'on les croirait ravis de cette gémellité ? Comment ne pas s'inquiéter de cette extraordinaire proximité du juge et du procureur ? Comment ne pas être stupéfait de cette sorte de fraternité entre ceux qui ont fait, parfois ensemble, la même école et sont devenus des collègues du même corps, alors qu'ils exercent des rôles différents au sein du prétoire ? S'il est vrai que les réquisitions du Parquet ne sont pas toujours suivies par le juge, elles sont, à tout le moins, entendues avec un intérêt tout particulier. Car c'est un magistrat qui s'exprime, un homme ou une femme que seul l'intérêt général inspire et qui d'ailleurs a occupé hier ou occupera demain la place de celui qui aujourd'hui l'écoute. Comment imaginer que les autres voix qu'on entend à l'audience puissent obtenir une qualité d'écoute équivalente ? Comment espérer raisonnablement que les arguments des parties, défense ou partie civile, puissent bénéficier du même *a priori* favorable ? Cette prééminence de l'accusation sur les autres intervenants s'est peu à peu inscrite dans les mœurs, au point que la contestation de ce déséquilibre passe désormais pour une incongruité.

Je me souviens d'un long procès où président et procureur partageaient chaque matin la même automobile pour se rendre au tribunal. Le trajet durait environ trente minutes, car on n'habitait plus guère dans la petite ville où demeurait encore la juridiction, comme la marque obsolète d'une splendeur révolue. Ce covoiturage était sans doute innocent ; nul doute que les deux hommes parlaient de tout sauf du procès ; mais quel effort pour s'en persuader !

Les procureurs voudraient qu'on les confonde avec les juges.

Rappelons aussi l'étrange dyarchie qui fait que toute juridiction est conduite par un président et un procureur. Songerait-on à créer une triarchie dont le troisième pôle serait le bâtonnier ? Pourquoi l'accusation fait-elle partie de l'organe qui dit le droit ? Serait-ce qu'au fil du temps on a perdu la faculté de distinguer juges et procureurs ? Il est vrai que l'esprit de corps et le fonctionnement de l'institution rendent les magistrats interchangeables. Ils se tutoient et se remplacent au gré des carrières. On est juge ou procureur selon les affectations. Ils portent la même robe, pénètrent ensemble à l'audience et siègent curieusement à la même hauteur qui n'est pas celle des autres parties. Ce qu'un avocat célèbre avait appelé « une erreur de menuiserie », n'en est pas une ; le parquet campe dans les salles d'audience au-dessus du vulgaire, à la même altitude que le juge. Devra-t-on longtemps encore se satisfaire de cette confusion qui nourrit le soupçon d'une collusion ?

À l'origine les procureurs étaient les avocats de l'État.

À l'origine le *parquet* était le lieu où se rassemblaient les avocats du roi. Les procurataires du monarque seront bientôt les procureurs du roi. Ils resteront les porte-parole de l'État quand la république aura succédé à la monarchie, sans que leur rôle soit profondément modifié. Parce que l'État, comme le roi, doit la justice au peuple, ils seront les défenseurs de l'intérêt général, n'auront pas d'autre référence que la loi, ni d'égard pour d'autres intérêts particuliers que ceux de leur puissant mandant. La dignité et la permanence de cette mission les conduiront peu à peu à se considérer comme membres à part entière des juridictions devant lesquelles ils interviennent, s'y insinuant bientôt comme des rouages essentiels à l'équivalent des juges. Cette évolution institutionnelle brouillera suffisamment les cartes pour qu'il soit ici utile de rappeler que l'intérêt général n'appartient pas aux procureurs et qu'il n'entre dans leur apanage qu'à l'occasion de la délégation qu'ils reçoivent. Le roi les missionnait pour défendre les intérêts patrimoniaux de la couronne, les prérogatives du monarque et l'intérêt du plus grand nombre que le souverain devait sauvegarder. Le procureur est d'abord avocat – mais il a peu à peu oublié cette qualité première. Il ne possède rien en propre : ni intérêt, ni mission, ni pouvoir ; tout lui est confié par un autre. Or, lorsque le délégataire oublie de qui il tient sa légitimité et croit pouvoir parler en son nom propre, en reniant au besoin la prééminence, voire l'existence, de son mandant, on entre dans l'usurpation, on se rapproche de l'abus de fonction, on glisse vers le coup d'État. Qu'on ne se méprenne pas ! Le porte-parole de l'État n'a rien à voir, à mes yeux, avec un préfet judiciaire. D'ailleurs sa parole a toujours été libre. Il est une conscience morale qu'on ne saurait manipuler comme une marionnette, mais il demeure un mandataire au service d'une politique pénale qu'il ne détermine pas et dont il n'a pas à rendre compte devant la nation. Il est, comme le dit avec force le professeur Bertrand Mathieu, l'« interface entre le gouvernement et la justice[1] ».

Les procureurs n'exposent jamais leur responsabilité personnelle en raison de leurs analyses ; c'est bien la preuve qu'ils ne parlent pas en leurs noms. S'il leur appartient de dire en quoi l'intérêt général a pu être froissé par un comportement individuel, ce n'est que par référence à une notion abstraite qu'ils ne déterminent pas, parce qu'il ne leur appartient pas de le faire. C'est au législateur de tracer les limites de

1. *Op. cit.*

l'interdit et à l'exécutif de faire respecter l'injonction législative. La justice est une collaboration de plusieurs pouvoirs dont aucun ne peut prétendre à l'exclusivité.

Le Parquet a pour mission de faire connaître aux juges la portée de la politique pénale du gouvernement à l'occasion d'un cas particulier.

À force de se rapprocher stratégiquement des juges, les procureurs vont tout naturellement revendiquer les caractéristiques de leurs prétendus *homologues* : l'indépendance et l'impartialité. Sur cette assimilation, ils vont bientôt asseoir leur revendication d'échapper à toute hiérarchie, comme si la conduite de la politique pénale, qui fait du garde des Sceaux le chef naturel du Parquet, était une mainmise scandaleuse de l'exécutif sur l'œuvre de justice. Admettre cette prétention comme une évidence, c'est oublier que leur raison d'être est de porter dans le débat judiciaire la voix de l'État. Non pas d'une façon servile, mais en adaptant librement au cas d'espèce les principes généraux de la politique pénale définie par le gouvernement. Si telle n'était pas la mission du Parquet, on s'interrogerait sur la signification de son existence. Les juges seraient-ils si réticents à l'analyse qu'il faudrait que d'autres la fassent pour eux ? Les juges seraient-ils à ce point étrangers à l'intérêt général qu'il conviendrait que des collègues plus éclairés leur en montrent la voie ?

En vérité le juge, à travers sa mission, doit trancher en fonction de la loi d'abord et de son sens de l'équité ensuite. Quant au procureur, il parle bien au nom de l'intérêt général, mais quelle légitimité a-t-il pour en définir le contenu ? Et qu'est-ce donc que cet intérêt général, si ce n'est une certaine conception de ce que doit être la société, de ce qu'elle peut tolérer et de ce qu'elle doit interdire et sanctionner ? Or, une telle vision, de ce qui doit être ou de ce qui n'aurait pas dû advenir, n'est pas autre chose qu'une vision politique. C'est la loi qui la définit, c'est-à-dire le législateur, et non le magistrat du Parquet. À ce dernier incombe l'adaptation au cas précis qui est soumis au juge d'une analyse de la loi qui, pour les points les plus importants, procède de la politique pénale, c'est-à-dire du garde des Sceaux. C'est à la condition de respecter scrupuleusement ce rôle – sans croire disposer d'un pouvoir supérieur à celui qui s'arrête à la jonction de la loi, nécessairement générale, et du fait, inévitablement particulier – que les procureurs agiront dans les limites de leur compétence, sans dérober à l'État, en lui faisant violence, un pouvoir propre de l'exécutif : la détermination de la politique pénale.

Si la mission du parquet n'était pas de porter dans les dossiers particuliers la conception générale que le gouvernement a de la politique pénale, son rôle serait inexplicable. À trop vouloir s'autonomiser, en prenant ses distances avec l'exécutif – qui dispose d'une légitimité propre, parce qu'il est élu – le parquetier ne pourrait survivre qu'en obtenant qu'on l'assimile au juge, niant au passage sa spécificité et sa raison d'être. Cette tendance est celle du Parquet d'aujourd'hui qui revendique une neutralité incompatible avec l'accusation et une indépendance qui le priverait de ses racines, c'est-à-dire de sa légitimité.

Le Parquet a un pouvoir propre : sauf exception, c'est lui qui déclenche l'action publique.

Une autre option s'offre au Parquet : être le pôle de contradiction nécessaire au fonctionnement d'un système dialectique, se rapprochant ainsi du modèle accusatoire. Les progrès de l'exemple anglo-saxon dans les esprits donnent à cette hypothèse tout son sens. Rappelons aussi que le rôle moteur, pour ne pas dire conditionnel, du Parquet n'est pas étranger à notre mode de pensée judiciaire. Le juge pénal, dans le système français, ne peut, sauf exception, se saisir lui-même. C'est le Parquet qui le saisit après avoir conduit une enquête, en ouvrant une information, en étendant sa saisine, c'est-à-dire sa capacité d'action, ou encore en citant directement une personne à comparaître. Certes, il existe d'apparents démentis à cette description d'un Parquet mettant en marche la poursuite : le juge d'instruction qui « renvoie » le mis en examen devant le tribunal correctionnel ou la cour d'assises par une ordonnance valant acte d'accusation, mais ces actes d'accusation ne sont que les décisions qui terminent un processus de poursuite que le Parquet a initié. Seule la plainte avec constitution de partie civile – phénomène symboliquement important, mais statistiquement marginal de la justice pénale – met l'action publique en mouvement, même si le Parquet n'y est pas favorable. C'est donc le Parquet qui, dans la quasi-totalité des cas, déclenche la poursuite et invite le juge à l'action en lui soumettant ce qu'il croit être une infraction à sanctionner, infraction dont il détermine le contour et les limites qui s'imposent à la juridiction. Ce rôle moteur du Parquet suffit à justifier son existence.

Déterminer avec discernement ce qui pourrait être une infraction, décider d'en poursuivre la répression ou, au contraire, renoncer au processus pénal au profit d'autres modalités de traitement du problème, voilà des missions qui ont une grande importance sociale et qui n'exigent ni une complète indépendance ni une parfaite impartialité. Le principe de l'opportunité des poursuites est une décision de politique pénale qui doit résulter des instructions générales du garde des Sceaux ; quant à l'impartialité, elle est inutile à celui qui défère une hypothèse pénale à un juge, dont la mission est précisément d'apprécier si c'est à tort ou à raison qu'il a été saisi.

Va-t-on dire, au vu de ces missions du Parquet, qu'il ne serait plus qu'une partie comme une autre, plus proche d'un barreau de l'accusation que de la magistrature ? Mais quelle est la partie qui peut user de la force publique pour tenter de faire surgir la vérité, qui peut déclencher ou non la poursuite et, le cas échéant, choisir la voie procédurale appropriée ? Qui d'autre que le procureur détient dans sa main la puissance d'accuser, c'est-à-dire de mettre en marche l'action publique ?

À défaut de pouvoir être structurellement indépendant, le Parquet doit disposer d'une large autonomie.

Une loi de 1801 voulait faire du Parquet « une agence du gouvernement ». C'était une période particulière, marquée par les aléas de l'histoire. L'autorité de l'État revenait en force, déjà Napoléon perçait sous Bonaparte. Les avocats, trop libres, trop incontrôlables, avaient été supprimés. Heureusement ces temps sont révolus et le procureur d'aujourd'hui délivre ses réquisitions en fonction de la libre analyse qu'il fait de la situation. Les instructions du ministre de la Justice ne peuvent plus concerner qu'une politique pénale générale et aucun ordre ne peut être donné concernant un dossier particulier[1]. On ne peut voir qu'un progrès dans cette évolution. Mais la démocratie n'est pas toujours

1. Loi du 25 juillet 2013, article 30 du Code de procédure pénale : le ministre de la Justice « adresse aux magistrats du ministère public des instructions générales. Il ne peut leur adresser aucune instruction dans des affaires individuelles ».

gagnante quand l'État se retire. L'interdiction des instructions individuelles est avant tout la marque de la défiance qu'inspire l'État, de la dévalorisation de la parole politique, de la probable intention immorale du garde des Sceaux. Ces motivations ne relèvent pas de l'évidence ; elles résultent d'un a priori, selon lequel le politique est corrompu et le magistrat vertueux. Ce qu'il faut éviter, c'est le placement sous influence, l'intervention discrète et partisane qui fausse le cours du procès. Mais s'il s'agit de dire – officiellement, par un écrit versé au dossier – que l'euthanasie est un vrai sujet de société qu'on ne peut plus traiter comme un homicide ordinaire ou que la réaction de la femme battue, même meurtrière, doit conduire à une conception nouvelle de la légitime défense, qui osera crier au scandale ? Le garde des Sceaux, par des actions de ce type, ne serait-il pas dans un rôle honorable de chef du Parquet ? On voit bien, à travers ces questions, que la légitimité du procureur à dire où est l'intérêt général se confond avec son rôle de porte-parole de l'exécutif qui, lui, a été officiellement et démocratiquement désigné pour définir cet intérêt général et en rendre compte à la nation. Le procureur, pour autant, n'est pas titulaire d'un mandat impératif ; il dispose d'une complète liberté d'adaptation de la norme au cas concret et cet espace d'autonomie doit être protégé. Aucune sanction ne doit pouvoir être prise contre un parquetier considéré comme trop soucieux de sa liberté ; même, et surtout, une sanction implicite ou dissimulée à l'occasion, par exemple, d'une affectation ou d'une promotion. Ce point est aujourd'hui quasi réglé, puisque les gardes des Sceaux ont décidé de suivre en matière de nomination l'avis du Conseil supérieur de la magistrature. Cette attitude – qu'il faut officialiser – place les magistrats du Parquet dans une situation équivalente à celle des juges, en termes de protection contre les risques de débordement de l'autorité de l'État.

Mais il ne faut pas pour autant conduire l'assimilation entre Siège et Parquet au-delà du raisonnable. Nous convenons, bien sûr, de l'absolue nécessité d'une complète indépendance du Siège. La séparation des pouvoirs, sous réserve de ce qui a été dit plus haut, suppose que la puissance de juger ne soit pas soumise au pouvoir politique ; elle implique que les détenteurs du pouvoir politique ne puissent avoir aucun rôle dans l'action de juger, en tout cas aucun rôle direct, aucune capacité de guider la main du juge.

La diffusion par le Parquet sur l'ensemble du territoire de la République de la politique pénale du gouvernement est une condition d'équité des décisions de justice.

Mais cela ne signifie pas que le gouvernement doive s'abstenir de faire connaître son point de vue aux juridictions. L'exécutif est, entre autres missions, chargé de définir une politique pénale et d'en faire connaître les contours aux tribunaux. C'est à cette condition que le traitement des affaires pénales s'inscrira dans l'unité. N'oublions pas que c'est une exigence d'équité que sur l'ensemble du territoire national des faits semblables appellent une réponse judiciaire semblable. Le Parquet est tout naturellement l'organe de transmission de cette unité de politique pénale. Mais celui qui répond devant le peuple de la mise en œuvre d'une certaine conception de l'intérêt général, c'est le politique dont c'est d'ailleurs le seul objet. Au nom de quoi l'État devrait-il, en matière judiciaire, abdiquer une prérogative que lui a confiée la nation pour la sous-traiter à des procureurs qui agiraient comme bon leur semblerait, sans avoir à en répondre ? L'ancien régime déléguait la justice ; pire, il en monnayait l'exercice à travers la vénalité des charges. L'État républicain, loin de ces errements du passé, doit exercer effectivement le pouvoir que le peuple lui a remis.

La complète indépendance du Parquet procède d'une double erreur de raisonnement. L'autorité étatique est, pense-t-on, suspecte d'iniquité et d'esprit partisan. On pose ce jugement comme un axiome, sans s'interroger sur sa valeur : vérité intrinsèque ou déception conjoncturelle ? Les parquetiers imaginent que tout échange avec l'exécutif est un début de compromission, voire d'indignité. On ne parle pas avec le diable. Encore une fois il faut que s'illustre pleinement la vieille liberté de parole du procureur ; rien n'empêchant d'ailleurs qu'elle soit étendue à la plume sous réserve de la hiérarchie interne du corps. Mais l'indépendance est autre chose ; elle est consubstantielle à l'acte de juger, pas à celui de requérir. Voilà encore une bonne raison de séparer les deux magistratures, ne serait-ce que pour éviter la confusion qui résulte du fait que le procureur se prend pour un juge (qu'il a été ou sera) et qu'il revendique le statut de celui dont il ne se rend plus compte qu'il n'est pas son semblable.

La création d'un procureur général de la nation est-elle nécessaire ?

L'idée de médiatiser la relation entre le Parquet et le ministre de la Justice a pris forme depuis quelque temps à travers le concept nouveau de procureur général de la nation. L'idée est séduisante. Un procureur parlerait à la fois à ses collègues du Parquet et au ministre de la Justice, mettant ce dernier à l'abri des soupçons d'interventions inavouables. Mais plusieurs objections viennent à l'esprit à l'évocation de cette création. D'abord, comme toutes les nouveautés supposant une modification constitutionnelle, le projet est lourd à mettre en place. Ensuite, le statut d'un tel haut magistrat n'est pas aisé à définir. S'il est une autorité autonome, qu'il est désigné par une institution judiciaire étrangère par définition au gouvernement et qu'il est accrédité par le Parlement, il dépossédera *de facto* le garde des Sceaux de son lien avec la magistrature debout. Ainsi, le ministre de la Justice, membre du gouvernement et appelé à ce titre à répondre de ses décisions et actions devant le Parlement, le Premier ministre et le président de la République, se verrait remplacé par un magistrat politiquement irresponsable et inamovible au moins pendant la durée de son mandat. Ce serait consacrer une forme de rupture entre l'exécutif et le Parquet ; ce serait admettre l'indécence alléguée par certains d'un dialogue entre le gouvernement et ses procureurs ; ce serait enfin consentir à l'indépendance du Parquet qui, sous couvert de ce procureur général de la nation, s'installerait en tout point dans l'autogestion.

On l'a dit, l'indépendance si impérativement nécessaire au juge, n'a aucun fondement de légitimité pour la magistrature debout, dès lors qu'elle est laissée libre de ses réquisitions, sans pour autant qu'il soit interdit au ministre de lui faire connaître ses recommandations générales, officiellement et par écrit.

Si donc l'idée de ce procureur général de la nation paraît critiquable, on peut néanmoins retenir la formule d'un magistrat assurant le lien entre le gouvernement et le Parquet. Nous considérons que la création, techniquement aisée, d'un procureur général de liaison entre l'État et le Parquet ne serait pas sans intérêt. En théorie, le garde des Sceaux demeurerait le chef du Parquet, mais il déléguerait l'exercice concret de cette position hiérarchique à un magistrat qui, tout en devenant son porte-parole, garantirait la respectabilité déontologique du lien entre le gouvernement et les procureurs. On pourrait imaginer d'assurer la liberté de ce procureur général de liaison en lui donnant un mandat à durée déterminée et non renouvelable, susceptible toutefois d'être écourté en cas de changement de garde des Sceaux et donc d'éventuelles modifications de politique pénale.

À titre de synthèse :

– les membres du Parquet sont magistrats et doivent le demeurer ;
– leur corps doit être distinct de celui des juges dont la mission est différente ;
– on ne saurait accéder à un désir d'indépendance du Parquet au seul motif qu'il est la voix de l'intérêt général dans les prétoires, sans oublier que cet intérêt général est d'abord l'objet des élus de la République ;
– il faut redéfinir, sans les rompre, les liens du Gouvernement et des procureurs en assurant à ces derniers la liberté de leurs analyses et la complète sécurité de leurs carrières.

*
* *

Si les structures du monde judiciaire ont leur importance, les missions imparties à chacune de ses composantes sont plus significatives encore.

Le Parquet gère seul plus de 97 % des affaires pénales.

Ce n'est pas une révélation que de rappeler que plus de 97 % des affaires pénales passent directement de l'enquête, dirigée par le Parquet, à la phase de jugement devant le Tribunal. Les 3 % qui restent correspondent aux affaires faisant l'objet d'une information conduite par un juge d'instruction. Certes, ces dernières sont souvent les plus lourdes (les crimes) et les plus complexes (dossiers financiers). Mais cette complexité ne constitue pas le critère qui justifie le recours à un juge. Le magistrat du Parquet est souvent tout aussi compétent que le juge d'instruction. Il faudra bien un jour oser tirer les conséquences de la désuétude du juge d'instruction. Au fil du temps, des rapports remarqués (Delmas-Marty ou, plus récemment, Léger) ont suggéré de confier l'enquête au Parquet sous la surveillance d'un juge.

Est-ce là fantaisie d'universitaires iconoclastes ou de magistrats incompétents ?

Le juge d'instruction est l'illustration d'un conflit d'intérêts judiciaire.

Le juge d'instruction est d'abord un enquêteur. Comme un policier il imagine des hypothèses et en vérifie le bien-fondé ; il est à la recherche d'une culpabilité et apparaît clairement comme un organe d'accusation. Mais il est aussi l'arbitre des atteintes portées par l'enquête, c'est-à-dire par lui-même (!), aux libertés individuelles (surveillances diverses, écoutes téléphoniques, interpellations, perquisitions, gardes à vue).

C'est cette dualité contradictoire des rôles qui a fait dire à Robert Badinter qu'il est à la fois Maigret et Salomon. La formule résume joliment le paradoxe de la fonction. Mais que signifie-t-elle au juste, si ce n'est qu'on ne peut être équitablement celui qui apprécie la nécessité et la proportionnalité d'une atteinte aux libertés fondamentales, quand on est personnellement intéressé au débat ? Car le juge d'instruction est porteur d'un intérêt personnel, celui de l'enquêteur, de l'amoureux de la vérité, passion qu'il devra le cas échéant brimer lui-même au nom d'un principe supérieur : le respect des libertés individuelles.

Même si l'on veut bien croire qu'il s'efforce de trouver un équilibre entre ces impératifs contradictoires, est-il raisonnable de le placer dans cette situation de déchirement ? Devra-t-il renoncer à la vérité pour ne pas froisser les libertés individuelles qu'il perçoit inévitablement comme des contraintes servant de remparts au crime ? Ou devra-t-il fouler au pied ces libertés, si c'est le seul chemin pour découvrir ce qu'il recherche ? Si vertueux qu'on soit, on ne sort pas toujours vainqueur d'un conflit de devoirs ; surtout quand, quoi qu'on fasse, on négligera inexorablement une mission essentielle.

Le thème n'est pas nouveau et le rapport Léger en 2009 relevait pour ces mêmes raisons que le juge d'instruction « ne peut agir avec une stricte neutralité et n'est pas totalement juge ».

L'idée n'a rien d'une abstraction ; elle ne relève pas d'une de ces polémiques irréalistes que les intellectuels inventent pour en rechercher vainement la solution. Quand un juge d'instruction perquisitionne, est-ce pour trouver quelque chose de précis ou pour fouiller, à toutes fins utiles, dans une intimité qui doit bien cacher quelque chose ? Quand un juge d'instruction écoute pendant des mois les conversations téléphoniques d'un justiciable, est-ce pour découvrir la réponse au sujet dont il est chargé ou parce qu'on finit toujours par surprendre un propos inattendu et compromettant, faute d'avoir pu vérifier un soupçon initial que rien ne vient corroborer ?

Telles sont les interrogations d'aujourd'hui. Elles ont été précédées par d'autres questionnements, auxquels ont été apportées des réponses révélatrices.

L'évolution législative a sonné le glas de l'institution du juge d'instruction ; il est déjà devenu procureur.

Quand le juge d'instruction avait encore le pouvoir d'incarcérer celui qu'il soupçonnait, le faisait-il parce qu'aucune autre solution n'était envisageable ou avec l'arrière-pensée que l'incarcération amoindrirait les résistances et qu'on finirait peut-être, dans certains cas, par troquer une libération contre un aveu ?

Lorsqu'en 2000 la Loi Guigou créa le juge des libertés et de la détention (JLD), en lui donnant le pouvoir d'incarcérer le mis en examen, pouvoir qu'elle ôtait en même temps au juge d'instruction, tout était dit. Désormais, le juge d'instruction doit saisir le JLD pour que celui-ci incarcère éventuellement le mis en examen, s'il l'estime utile et opportun. Certes, c'est par ordonnance que cette saisine s'accomplit. Mais l'écrit qui saisit un juge aux fins que ce dernier prenne une mesure coercitive que le demandeur ne peut pas décider lui-même s'appelle en toute autre circonstance un réquisitoire. En d'autres termes, le juge d'instruction est déjà un procureur.

En veut-on une autre illustration ? Dans certains cas, quand le juge d'instruction veut mettre en place un dispositif technique d'enregistrement sonore dans un lieu d'habitation[1], il doit solliciter et obtenir l'autorisation du JLD. Un vrai juge ne demande pas d'autorisation ; il en délivre. Ici encore, la demande que le juge d'instruction présente au JLD ressemble fortement à des réquisitions. De la même façon, lorsqu'un contentieux s'élève sur le caractère saisissable de documents, qu'on dit couverts par le secret professionnel, c'est le JLD qui

1. Article 706-96 du Code de procédure pénale dans sa rédaction antérieure à la loi du 3 juin 2016. Aujourd'hui ce texte concerne essentiellement l'enquête conduite par le procureur de la République de plus en plus assimilé au juge d'instruction.

tranche et, le cas échéant, écarte du dossier ceux dont le juge d'instruction se serait emparé dans un mouvement d'investigation par trop enthousiaste.

Oubliera-t-on que l'acte qui saisit une juridiction de fond, après une instruction – ordonnance de renvoi ou de mise en accusation – n'est pas autre chose que le rassemblement des charges qui militent en faveur d'une condamnation ? D'ailleurs, le droit européen désigne ces « ordonnances » du nom d'actes d'accusation. La question n'est donc pas de savoir s'il faut confier l'instruction au Parquet ; il suffit de constater que le juge d'instruction est déjà devenu un procureur.

Verrait-on malice à ce que soit rappelé qu'au XIXe siècle, quand le juge d'instruction apparut sur la scène judiciaire, il n'était qu'un « auxiliaire du Parquet », noté par le procureur ? Certes ces temps sont révolus, mais on ne rompt jamais complètement avec ses origines.

Le procureur peut, aussi bien que le juge d'instruction, conduire l'enquête à charge et à décharge.

D'aucuns soutiendront que le juge d'instruction instruit à charge et à décharge et que le remplacer par un procureur, moins enclin à l'impartialité, mettrait ce principe d'équité en péril. D'abord il ne faut pas surestimer la portée de la neutralité prétendue du juge d'instruction. Il a plutôt tendance à rechercher les preuves d'une culpabilité, qu'il a posée comme vraisemblable, puisque c'est la condition de toute mise en examen. Ensuite parce que l'instruction à décharge s'imposera tout autant au procureur : lorsque le juge d'instruction rencontre des éléments qui affaiblissent ou même infirment la thèse de la culpabilité, il ne les occulte pas et – fût-ce à regret – en tire à terme les conséquences. Instruire à décharge, c'est respecter la vérité et s'interdire de tordre la réalité pour la faire coïncider avec une hypothèse. Même si ce devoir de vérité est perçu par certains comme une vision idéale des choses, il s'imposera de la même façon au juge d'instruction et au procureur.

Le juge de l'enquête et des libertés (JEL) sera garant de l'équité de la procédure préparatoire.

Le rappel du droit positif souligne, on l'a vu, le contrôle que le JLD exerce déjà sur le juge d'instruction. En créant un juge de l'enquête et des libertés (JEL), dont la mission serait de contrôler l'instruction conduite par le Parquet, on n'entrerait pas dans une voie révolutionnaire ; on se bornerait à achever une évolution déjà largement engagée. Ce JEL, comme l'actuel JLD, autoriserait les actes portant atteinte aux libertés individuelles, quand il les considérerait indispensables à l'enquête. Mais il serait aussi juge du passage de l'enquête en mode contradictoire. Il apprécierait la normalité d'un classement sans suite et ferait, éventuellement, injonction au procureur chargé d'instruire de poursuivre ses investigations. Réponse serait ainsi apportée à la crainte qu'agitent certains à l'idée d'un procureur pressé par le pouvoir politique d'ignorer les turpitudes des puissants.

En un mot, la réforme ne serait que peu de chose : une vision lucide sur la nature du magistrat instructeur – acquise de longue date, mais que l'on ne s'avoue pas – dont on tirerait enfin toutes les conséquences.

*

* *

Le parquet ne dispose pas seulement du droit de poursuivre ; il choisit la voie procédurale par laquelle il exerce cette prérogative. C'est une faculté qu'il faut développer. Si les modalités de la poursuite sont déjà variées et nombreuses (citation directe, ouverture d'une information, CRPC, composition pénale, etc.), rien n'interdit d'en imaginer de nouvelles.

Les modalités de la répression doivent être différenciées. Le droit pénal peut être utilement soumis à l'imagination.

Une obsession d'égalité a conduit à traiter de la même manière tous les comportements susceptibles d'être en délicatesse avec la loi. Il n'est en rien acquis que l'équité commandait ce non-discernement. Comme le dit et répète le Conseil constitutionnel, le principe d'égalité n'empêche pas qu'on traite différemment des situations différentes. La loi depuis toujours intègre l'idée d'une hiérarchie des fautes pénales. Quant à l'opinion, même éclairée, elle ne réagit pas de la même façon aux infractions contre les biens et à celles qui atteignent les personnes. Certes, la réaction émotionnelle n'est pas le seul critère de la juste répression, mais la gravité de la faute est un critère dont il faut tenir compte, même, et peut-être surtout parce qu'elle change avec le temps.

Il arrive même que des comportements légalement répréhensibles ne justifient pas la rigueur d'une comparution devant un tribunal correctionnel.

Qu'on nous permette un souvenir judiciaire : le dirigeant d'un établissement public, pour entretenir son outil informatique, ne recourait pas à la formule de l'appel d'offres, mais traitait en urgence, de gré à gré, avec, d'ailleurs, la même entreprise. Or le montant de ces marchés de maintenance imposait qu'on eût lancé un appel d'offres. S'en abstenir était un délit. S'agissait-il d'un arrangement frauduleux ? Un accord sordide et inavouable avait-il été passé avec cette entreprise privilégiée ? On pouvait le craindre et il était logique que le soupçon conduisît à une enquête. Mais, au terme des investigations, on s'aperçut que la raison de cette bizarrerie n'était autre que l'amour du service public ! L'établissement en cause versait leurs pensions de retraite à des milliers de personnes qui les auraient reçues avec retard, si l'on avait respecté l'impératif légal de recourir au système lent et compliqué de l'appel d'offres. En un mot, la faute pénale avait été le moyen d'éviter une multitude de drames privés à de modestes retraités. De plus, le dirigeant, sans que nul ne le lui demande, avait au fil du temps remis son organisme sur les rails de la loi. Mais le passé demeurait et il comparaissait en correctionnelle. Tout le monde, du tribunal au procureur, sans parler des avocats de la défense – il n'y avait évidemment pas de partie civile –, avait le sentiment d'une aberration judiciaire.

Cet exemple n'est pas isolé. Il est des cas où la juridiction répressive n'est pas adaptée à la situation. Le « tout pénal » relève d'un curieux amalgame entre toutes les fautes et d'une volonté de puissance suspecte, qui voudrait tout placer sous son contrôle. Si ces situations limites étaient déférées à une cour de discipline citoyenne, qui rappellerait à la loi, blâmerait le cas échéant les personnes concernées, ne serait-on pas dans une réponse sociale mieux adaptée et plus proportionnée à la gravité des faits ?

Que ceux qui, conditionnés par l'habitude, verraient dans ce propos un égarement insupportable veuillent bien s'interroger sur l'existence de la kyrielle d'Autorités administratives indépendantes qui ont parfois la faculté de juger ceux dont l'activité s'exerce dans une zone de compétence déterminée. Ces organismes semi-juridictionnels prononcent parfois des peines à dimension pénale, même si l'emprisonnement n'entre pas dans leur capacité. Il y aurait beaucoup à dire sur ces Autorités indépendantes, sur leurs compétences techniques, souvent supérieures à celles de l'institution judiciaire, sur la répartition des dossiers entre elles et la Justice (puisque le cumul des interventions sanctionnatrices ne peut désormais s'envisager). Mais nous allons nous limiter à citer leur existence, pour qu'il soit évident que l'idée d'une poursuite édulcorée, devant une juridiction en quelque sorte infrapénale, n'est nullement une folie et que l'on peut songer à en étendre l'usage.

C'est tout naturellement au Parquet qu'appartiendrait le choix de la direction à donner à la poursuite. Plus l'éventail des possibilités procédurales sera large, plus son rôle sera déterminant de l'image de la répression des actes commis en marge de la loi. On peut aussi imaginer un circuit court de la poursuite, une transaction sous conditions diverses, sans principe de culpabilité, sans peine à proprement parler, sans trace au casier judiciaire, sans l'humiliation et la destruction sociale de la comparution devant un tribunal. Nous en reparlerons plus loin.

Là encore, c'est le Parquet qui déciderait de l'orientation de la procédure.

N'est-il pas légitime – à tout le moins réaliste – que l'on réserve le recours au Juge aux affaires que leur importance criminologique désigne, sans s'arrêter au bruit que fait la rumeur ?

Chapitre III
La peine

Gardons-nous des solutions générales et des formules miraculeuses et simplificatrices.

Il ne suffit pas que la justice apporte une réponse à l'illégalité, ni qu'elle assure que le mépris de la loi sera puni ; on lui assigne une mission autrement plus ambitieuse : celle d'éradiquer la délinquance, de faire disparaître la criminalité, d'assurer la sécurité des gens honnêtes.

Faudra-t-il, pour répondre à cet impératif, instaurer un « tout carcéral » à l'américaine ? Faut-il à l'inverse parier sur l'amendement des égarés ? L'œuvre de justice doit-elle s'exprimer en termes implacables ? Doit-on recourir à des peines automatiques, écartant à la fois la mansuétude et l'individualisation de la sanction ? Faut-il que soient prononcées des peines intangibles, considérant que tout aménagement est une dénaturation ?

Doit-on au contraire admettre l'idée que chaque cas est unique, que la peine qui vaut pour l'un serait inadaptée pour un autre, que la libération anticipée est salutaire au devenir de certains, tandis qu'elle ouvre, pour de plus corrompus, la porte de la récidive ?

On sent bien, à l'énoncé de ces questions, qu'il n'y a pas de solution miracle et que l'individualisation de la peine répond comme une nécessité à la singularité des êtres et des fautes commises.

En France, on aime les théories, les dogmes, les formules à prétention universelle. Ceux qui les brandissent et les proposent, donnent l'impression de savoir où ils vont ; ils ont l'autorité qu'on reconnaît aux élus du destin, à ceux qui ont reçu des limbes une solution inspirée. Les habitués de la justice pénale ont pu mesurer l'extraordinaire diversité des hommes et l'inadéquation des réponses préconçues. Ils savent la complexité des êtres, la multiplicité des raisons de leur comportement passé, la diversité des perspectives que leur avenir contient. Ils savent aussi qu'il n'existe pas de solution généralisable, que l'équité résulte toujours de cette œuvre spécifique du juge qui consiste dans l'application nuancée d'une règle générale à un cas particulier.

La nuance de la peine et son adaptation à chaque individu sont des conditions de l'équité. Il faut que le plus large éventail de choix soit donné au juge.

La classification des fautes en grandes catégories est possible, mais à la condition qu'un riche arsenal d'adaptation de la loi soit mis entre les mains de celui auquel il revient de dire le droit. Les peines automatiques ont existé ; elles niaient les différences entre les justiciables autant que la liberté d'appréciation du juge ; elles appartiennent à un stade de développement de la justice aujourd'hui dépassé. Il faudra, dans certains cas, suivre la raison qui commande une forme d'élimination sociale ; mais, dans d'autres circonstances, on ne pourra exclure qu'une peine indulgente soit la juste réponse, même à l'acte d'un récidiviste. Rien n'interdit qu'on soutienne que, dans certains cas, les mesures d'aménagement de peine ou de libération anticipée ne devront pas s'appliquer[1], mais on doit admettre que l'aménagement d'une sanction ou une libération à mi-peine soit parfois, ce qui convient le plus, aussi bien à un individu qu'à la protection de l'ordre public. La nuance dans la peine est l'une des missions premières du juge répressif. Il convient de le laisser accomplir ce pour quoi il est fait, après qu'il aura entendu l'avis du Parquet parlant au nom de l'État et de sa conception de l'ordre public.

1. La libération à mi-peine – qui n'est jamais qu'une possibilité et nullement un droit, ni un automatisme – est d'ailleurs diversement traitée par le droit selon le crime commis. Certaines infractions supposent une peine de sûreté, c'est-à-dire un temps en deça duquel aucune libération anticipée n'est possible.

La peine n'est pas un fait social comme un autre ; elle vient du fond des âges et demeure engluée dans une origine religieuse qui la sacralise.

Il est difficile de proposer une modification du système pénal en vigueur. Les hommes sont souvent dominés par l'habitude ; ils inclinent à tenir pour légitime ce qu'ils connaissent et regardent avec suspicion les nouveautés qu'on leur propose, comme s'il s'agissait d'incongruités, voire de blasphèmes profanes. Certaines institutions sont en effet appréhendées à travers un prisme de religiosité ; on ne peut y toucher, même par la pensée, sans être perçu comme un iconoclaste s'attaquant à un dogme. La peine fait partie des phénomènes sociaux sacralisés qui font encourir aux réformateurs la colère indignée des esprits enfermés dans la pesanteur de l'existant. La peine n'est pas un fait social comme un autre. Elle puise sa raison d'être dans les profondeurs de la conscience humaine. Qu'on le veuille ou non, elle est encore en France l'expiation du péché, la pénitence, la voie de la rédemption. Aussi laïque que l'on se veuille, le sacré continue de nous habiter ; plus encore lorsque la dimension religieuse s'est estompée et qu'on ne la perçoit plus comme telle, lorsque l'autorité institutionnelle tient à une sacralité dont la source est perdue. L'esprit républicain résisterait bien à un commandement de Dieu, mais le combat est plus compliqué quand le dogme, nimbé d'habitude, s'est transformé en évidence. La révocation en doute, à quoi Descartes invite, n'est jamais un parcours achevé. Nos contemporains aiment conserver les institutions dont l'origine se perd dans un lointain passé, comme si le temps était une excuse et que les anomalies venues d'un lointain passé ne nous concernaient plus.

La réforme du système des peines place celui qui l'entreprend entre le laxisme, toujours coupable, et l'inhumanité qui ne l'est pas moins.

La frilosité et le conservatisme se nourrissent aussi d'un sentiment d'impuissance, d'une vision pessimiste de l'histoire, d'un culte du bon vieux temps. Rien n'est vraiment parfait, mais la nouveauté pourrait être pire ! Quant à l'audacieux réformateur, non seulement il sera par avance un semeur de troubles, mais encore, s'il paraît plus sévère, s'il incline à aggraver le sort des condamnés, il sera bientôt dénoncé par les belles âmes comme un être sans humanité, enclin à exposer ses semblables, fussent-ils criminels, à des traitements barbares et inhumains. Si, au contraire, il propose des mesures perçues comme un adoucissement de la répression, on le taxera sans tarder d'angélisme, d'irresponsabilité, symptômes de cette faiblesse humaniste qui expose les honnêtes gens à la fureur des hors-la-loi.

Les peines ont beaucoup évolué au fil de l'histoire.

Pourtant, loin d'être définies depuis toujours, les peines ont beaucoup évolué au fil du temps. Pendant des siècles, la peine fut corporelle et synonyme de supplice public. L'ordonnance de 1670 prévoyait la mort, la question, les galères, le fouet, l'amende honorable, le bannissement. La prison était un intermède nécessaire, une commodité, pas une peine. La prison n'était pas autre chose qu'un temps d'attente, la façon de s'assurer du corps du suspect en attendant qu'il soit livré au bourreau, sous le regard effrayé des populations qu'on espérait détourner ainsi de la tentation du crime.

À la fin du XVIIIe siècle, on est passé de l'« art des sensations insupportables à l'économie des droits suspendus » ; la prison est devenue la peine commune.

C'est à la fin du XVIIIe siècle qu'on commença de renoncer à cette ostentatoire pédagogie de l'effroi. Le corps du coupable cessa d'être la « cible majeure de la répression pénale[1] », à l'exception notoire de la peine de mort qui ne fut extirpée de notre arsenal judiciaire

1. Michel Foucault, *Surveiller et punir*, Paris, Gallimard, « Tel », 1975.

que deux siècles plus tard. On passa, à cette époque, de l'« art des sensations insupportables à l'économie des droits suspendus[1] ». La condamnation ne visait plus le corps du coupable, mais le patrimoine juridique du sujet et, au premier chef, son bien le plus précieux : la liberté.

La prison était devenue la seule peine et, si le détenu y était exposé à un long cortège de souffrances, de privations et de mauvais traitements, ce n'était plus qu'une conséquence accidentelle et involontaire. Officiellement, le châtiment n'était plus désormais que la privation du droit d'aller et de venir. Mais on a beau vouloir ne frapper que l'âme, il est si difficile de circonscrire son siège qu'en fin de compte c'est toujours le corps qu'on punit.

L'illusion de l'incarcération rédemptrice

En infligeant la prison aux condamnés, le XIXe siècle nourrissait l'espoir qu'elle serait l'occasion et le moyen de l'amendement des coupables, qu'elle permettrait la correction de leur comportement, qu'elle aurait sur eux l'effet d'une régénération. Le postulat était que l'homme sortirait meilleur de son lieu d'enfermement. À l'épreuve de l'expérience, l'époque moderne s'est mise à douter de cette vertu réformatrice de l'incarcération,

1. *Id., ibid.*

constatant que la prison est plus criminogène que salvatrice, qu'elle marginalise socialement les petits délinquants et transforme aussi parfois en héros de l'illégalité ceux qu'elle a en quelque sorte distingués en les accueillant en son sein. La prison humilie les caractères assez forts pour préférer la délinquance à l'inexistence sociale. Ils sortent du monde carcéral moins repentants et normalisés qu'exaltés à l'idée de faire payer au monde le mépris qu'ils viennent de subir. « L'esclave ne s'affranchit qu'en asservissant à son tour[1]. »

En un mot le système carcéral a montré ses limites. Ses vertus curatives sont de plus en plus incertaines. On ne croit plus guère en cette transfiguration du sujet par la peine. On est en outre confronté à ce constat paradoxal : la criminalité est aujourd'hui moins lourde que par le passé, alors que les peines sont devenues plus légères. En effet, en même temps que la répression s'adoucissait, que le châtiment devenait moins horrible et moins effrayant, la criminalité faiblissait ; les infractions diminuaient en nombre et aussi en gravité, réduisant à une hypothèse, de plus en plus fragile et contestable, la fonction d'exemplarité de la peine dont le rôle dissuasif se révélait de plus en plus irréaliste. On exclura de ce constat de l'amélioration des mœurs les actes de terrorisme qui sont des actes de guerre, qu'on ne peut inclure dans la criminalité, sauf à prétendre que le terroriste d'aujourd'hui – surtout quand il retourne les armes contre ses compatriotes – est mu par le même

1. Albert Camus, *L'Homme révolté*, Paris, Gallimard, 1951.

désespoir et la même absence de perspective d'accomplissement personnel que le gueux qui devenait brigand sous l'Ancien Régime.

À quoi sert la peine ?

Avant de se risquer à proposer des solutions nouvelles, il faut déterminer quelle est la fonction de la peine ou, plus précisément, il faut dire quel sens on veut lui donner et quel effet on attend d'elle. Est-elle rétributive, exemplaire et dissuasive ou seulement protectrice de la société ? À supposer qu'elle participe de ces diverses finalités, il restera à hiérarchiser ses multiples missions.

Est-elle le prix de la faute ?

La peine rétributive représente le prix de la faute ; elle procède de l'idée chrétienne de pénitence, de l'espoir d'un pardon, de la vertu que la foi prête à l'expiation. Elle renvoie à l'époque où la différence était à peine perceptible entre la faute sociale et le péché. Ces temps anciens étaient ceux où le désordre social était de même nature que l'outrage à Dieu. Dieu étant représenté sur terre par le roi, il n'y avait pas lieu à distinguer entre le mépris de la loi, le crime de lèse-majesté et la bravade impie adressée à l'autorité divine, puisque toutes ces notions se confondaient dans une déclinaison généalogique unique. La peine devait répondre tout à la fois à un déséquilibre social, à une atteinte à l'autorité temporelle et à un mépris insupportable de l'organisation métaphysique. La mission judiciaire, en restaurant l'ordre social, était donc de nature utilitaire mais, en même temps le juge participait du pouvoir royal et de la puissance divine. L'évocation de cette dimension originellement sacrée de la *puissance de juger* permet de mieux comprendre l'appétence nostalgique des juges d'aujourd'hui pour le pouvoir politique. Peut-on leur tenir rigueur de ne pas se résoudre à n'avoir plus qu'une mission pratique, qu'un rôle utilitaire ? Comment ne pas comprendre – fût-ce pour s'en indigner – que ceux qui furent le bras séculier du Dieu vengeur et les délégataires d'un pouvoir politique absolu rechignent à n'être plus que les « bouches de la loi » républicaine ?

On admettra aisément que la conception de la justice sacrée est en large part dépassée. Il n'y a plus d'infractions qu'en référence à la loi dont les interdits ne recouvrent pas exactement les fautes morales. Cependant, une part de similitude demeure ; le dégoût que suscitent certains actes, comme le rejet de leurs auteurs trouvent leur source dans la réprobation morale bien plus que dans la référence légale. Le juge lui-même est parfois tenté d'adapter la loi à son jugement intime et d'arbitrer la gravité de la peine à la mesure de son indignation. Quant à la victime, dont l'influence est désormais si lourde dans le procès pénal, elle exige que la souffrance du coupable fasse écho à sa douleur ; elle finit par ne plus distinguer clairement, dans son désarroi, si elle croit en une expiation par la dureté du châtiment ou si elle veut seulement satisfaire un désir de vengeance.

Est-elle exemplaire et dissuasive ?

La peine est-elle exemplaire ? On ne saurait le nier sans s'écarter d'une vision réaliste minimale. Il faut bien poser des limites et ne pas favoriser l'éclosion du crime en affichant une tolérance que d'aucuns vivraient bientôt comme un encouragement. Mais la peine exemplaire n'est pas la peine réelle ; l'exemple vient de la peine prononcée, de la proclamation du châtiment, du jugement que la foule entend et qu'elle mémorise comme le prix de certains égarements. Le temps que le condamné passera réellement derrière les barreaux est indifférent, du moins en termes d'efficacité dissuasive. Ce que la cour d'assises juge et condamne, c'est un genre d'actes déterminés, une catégorie de comportements que la société ne peut tolérer. Si elle tient aussi compte de la personnalité de l'accusé et des circonstances particulières du crime, cette adaptation de son jugement aux circonstances a des limites. Une trop grande indulgence ne pourrait être comprise par la foule ; le crime reste un fait inadmissible auquel un châtiment sans complaisance doit répondre.

En réalité la justice prononce deux peines : une peine théorique et une peine réelle.

Ce n'est que plus tard, à travers l'exécution de la peine, qu'un autre juge viendra discrètement adapter, de façon plus personnalisée, la réalité de la peine à la réalité de l'individu qu'elle concerne. Cette flexibilité de la peine n'est pas choquante. Au fil du temps, quand le scandale est apaisé, quand le crime est oublié, la peine devient inutile. Elle apparaît même comme une étrange cruauté dont on ne perçoit plus clairement la raison[1]. En théorie, Michel Foucault n'avait pas tort d'écrire, en portant sa pensée à la limite du paradoxe et de la provocation : « Si on pouvait être sûr que le coupable ne puisse pas recommencer, il suffirait de faire croire aux autres qu'il a été puni[2]. » Mais ce qui reste de force de dissuasion à la peine ne peut s'accommoder d'une trop rapide transformation qu'on aurait tôt fait d'assimiler à l'impunité, si elle devenait publique. Néanmoins il faut admettre qu'il existe deux peines,

1. Dans *Souvenirs de la maison des morts*, Dostoïevski rappelle, pour s'en étonner, qu'on parlait en Russie des forçats en les appelant des « malheureux ».
2. *Op. cit.*

celle qui est proclamée, prononcée, celle qui dit haut et fort la réprobation sociale absolue du mépris de la loi ; et celle, concrète, exécutée, individualisée qui convient à la personnalité de l'auteur. On voue à la peine abstraite, celle que le juge prononce solennellement, celle que le peuple imagine comme étant le prix de l'action coupable, un rôle dissuasif et exemplaire. Cette peine porteuse de frayeur arrêterait, croit-on, le bras de celui qui, sinon, aurait accompli son dessein criminel. La peur du châtiment n'arrête-t-elle pas en vérité que le projet de l'indécis, ne fige-t-elle pas que l'intention de celui qui ne serait de toute façon pas passé à l'acte ? Le vrai criminel est convaincu qu'il ne sera pas pris ou trop submergé par la passion pour songer au châtiment. Si bien que l'effet dissuasif de la peine relève le plus souvent de l'illusion. Mais si la peine encourue ne devait arrêter qu'un seul projet criminel – ce qu'on ne saura par définition jamais, car on ne peut tenir de comptabilité de ce qui n'a pas existé –, ce cas d'exception suffirait à justifier qu'on garde des peines lourdes et effrayantes, au nom de ce seul effet dissuasif, quitte à en rectifier ultérieurement l'excès.

Rien ne permet de dire que l'application des peines soit à l'origine de la récidive des comportements criminels, dès lors qu'elle est exercée avec discernement. L'ordre public ne souffre pas de la dualité entre peine prononcée et peine exécutée. Il faut combattre la tentation de la simplification excessive et démagogique. Il est, certes, facile de concevoir l'égalité sous l'angle quantitatif : que chacun accomplisse le temps exact que sa condamnation a fixé, qu'aucune remise de peine n'intervienne ; et l'on pourra se féliciter d'avoir appliqué à tous un traitement semblable. Ce serait oublier que les hommes ne sont pas les mêmes, que l'enracinement dans la vie criminelle est un paramètre changeant d'un individu à l'autre ; que certains envisagent de récidiver avant même que la sanction n'intervienne, tandis que d'autres ont en horreur le moment de leur vie que la Justice a stigmatisé et qu'ils ne se pardonneront jamais ce qu'ils ont fait. On pourrait presque dire, en portant à l'extrême ce raisonnement, que les peines se partagent entre celles qui sont insuffisantes et celles qui sont excessives ; que les condamnés se répartissent entre ceux à qui la prison n'apprend rien, car ils sont dépourvus de toute capacité de regret, et ceux pour lesquels elle est tout aussi inutile parce qu'ils connaissent leurs fautes et vivent dans le remords. Sur quel critère distinguera-t-on ces deux populations et quelle conséquence tirer de cet hypothétique discernement ? C'est là l'objet du juge de l'application des peines, son art, sa mission. Néanmoins si l'utilité de son rôle apparaît clairement quand il s'agit de libérer par anticipation celui à qui la prison n'apprend plus rien, il est plus difficile d'imaginer son utilité quand il est confronté à celui qui attend patiemment dans l'ombre l'occasion de récidiver. Cette interrogation pose le problème de l'utilité sociale de la répression.

La peine n'est-elle qu'utilitaire et protectrice de la société ?

Où situera-t-on précisément la fonction protectrice de la peine, son utilité sociale ? Beccaria au XVIIIe siècle distinguait déjà clairement la faute morale du crime. Il appartient, écrivait-il, « aux théologiens d'établir les confins du juste et de l'injuste », mais il revient au législateur de fixer « les rapports du juste et de l'injuste politique »[1], c'est-à-dire de déterminer ce qui est utile et néfaste pour la société. Ce juste-là doit s'entendre en termes relatifs et conjoncturels ; il ne prétend pas à une vérité éternelle, il est tout au plus l'état d'un choix social variable avec le temps. On comprend que le même Beccaria, théoricien de la défense sociale avant la lettre, ait écrit : « La véritable et unique mesure des délits est le dommage causé à la Nation[2]. »

Notre époque est encline à partager cette vision utilitaire de la peine. Nos contemporains veulent être assurés de la sécurité physique et patrimoniale. Au regard de l'adage de Beccaria, on envisage deux types de fautes : celles qui sont irréparables, celles qui font peur, celles à travers lesquelles on voit se dessiner la récidive et de nouveaux malheurs. Ces fautes-là ne seront jamais assez sévèrement réprimées aux yeux du grand public, partagé entre la peur et l'indignation.

1. Cesare Beccaria, *Des délits et des peines*, 1765.
2. *Id.*, *ibid.*

Mais il est aussi une multitude de comportements qui suscitent l'agacement, voire l'exaspération, sans pour autant faire naître la crainte, sans susciter cette vague de colère qui conduit à un désir fort de rejet du coupable. On ne saurait traiter raisonnablement de la même manière ces deux catégories de fautes. Il faut donc, selon la belle formule de Michel Foucault : « Gérer différentiellement les illégalismes[1]. »

Avant même d'envisager la différence de traitement à appliquer aux crimes majeurs et aux fautes moins graves, il faut se demander si tout acte social répréhensible relève de la sanction pénale à proprement parler. Certains faits ne sont niés par leur auteur que pour éviter l'automatique condamnation qu'impliquerait l'aveu. Le déroulement d'une procédure pénale est suffisamment compliqué et imprévisible pour qu'on puisse espérer une sorte de miracle, une nullité de procédure entraînant, comme par magie, la disparition de la poursuite. Le phénomène est rare, mais on peut toujours croire qu'on en bénéficiera. Qui sait si, le temps passant, et les recours succédant aux recours, il ne se trouvera pas une juridiction pour réduire à néant l'action publique, ou un Parlement pour changer la loi et faire disparaître le texte répressif ? La Cour de cassation opère parfois des virages spectaculaires et le Conseil Constitutionnel a le pouvoir d'abroger le socle juridique de l'incrimination. Il ne s'agit pas toujours d'échapper à la prison, mais à l'effondrement social

1. *Op. cit.*

qu'entraîne la condamnation, à l'opprobre d'une déclaration de culpabilité qui fauche, dans leur course, la plupart des personnages publics, de la politique ou de l'économie ou encore prive une famille des ressources que le père puisait dans un emploi auquel il ne pourra plus prétendre. Ces dommages collatéraux de la condamnation pénale sont parfois plus lourds, plus créateurs de douleurs que la peine elle-même.

Toutes les illégalités ne sont pas à « mettre dans le même sac ».

L'idéologie de l'égalité ne doit pas être remise en cause, du moins tant qu'elle n'est pas le voile de la lutte des classes, tant qu'elle ne sert pas de prétexte pour légitimer la détestation de certaines catégories sociales. Traiter pénalement tous les individus de la même manière est une idée louable, à la condition qu'elle ne soit pas l'excuse de l'injustice qu'il y a à tout confondre, à tout assimiler, à « tout mettre dans le même sac ». Notre époque ne peut admettre que la loi ou le juge reconnaisse des privilèges, et c'est heureux. L'égalité de tous devant la loi est un principe constitutionnel, c'est-à-dire un pilier, un dogme de notre société qu'il ne saurait être question de remettre en cause. Mais traiter différemment des situations différentes, loin de constituer le socle de l'injustice, est une méthode de différenciation sans quoi il n'est pas d'équité. Il ne faut pas se laisser aveugler par l'idéologie. Les illégalités ne sont pas toutes équivalentes en gravité. Cette considération est d'ailleurs l'un des fondements du droit pénal qui classe et organise les fautes en catégories distinctes, les crimes, les délits et les contraventions, selon le trouble qu'elles apportent à l'ordre social et à la paix publique. Il faut produire un sérieux effort intellectuel pour se persuader qu'une infraction boursière est équivalente en gravité à un vol avec violence ou qu'un abus de biens sociaux vaut bien un cambriolage. La seule raison qui conduit à ces assimilations est le refus d'admettre que certaines catégories sociales commettent des illégalités moins insupportables que d'autres. Le moteur de l'assimilation des fautes n'est pas dans l'incapacité d'en distinguer les caractéristiques, mais dans la volonté de ne pas donner l'impression qu'on privilégie une catégorie d'auteurs, qu'on marque une préférence sociale. En agissant de la sorte le juge, au mieux, s'offre la bonne conscience du défenseur de l'égalité ; mais, au pire, il glisse dans son action de justice une haine du bourgeois, dictée par un dogme de sans-culotte. Tout, dans la justice pénale, est pourtant distinction, différence, nuance, personnalisation, individualisation : les incriminations, les peines encourues, les peines prononcées, jusqu'au régime procédural auquel le suspect est astreint. Dès lors tout invite à la réforme, à l'œuvre d'imagination, au renversement des tabous et des impossibilités alléguées.

Séparer la réparation sociale de la proclamation de culpabilité en instaurant une transaction pénale.

Pourquoi ne pas déconnecter le châtiment de la déclaration publique de culpabilité ? La *comparution sur reconnaissance préalable de culpabilité* (CRPC), introduite il y a peu dans notre procédure pénale, suppose encore un principe de culpabilité, d'autant plus incontestable qu'il est admis par l'auteur du fait concerné. La stigmatisation sociale, que cette procédure entraîne, est donc équivalente à celle qui résulte d'un jugement de condamnation. Tout au plus, en l'absence d'une véritable audience, le prévenu échappe-t-il au pilori médiatique. La personne poursuivie n'y aura trouvé que l'avantage, non négligeable, d'une peine plus faible, plafonnée dans ce type de procédure au 1/5e du maximum pénal encouru.

Pourquoi ne pas renverser l'équation ? Il ne s'agirait plus de réduire la peine, mais de la déconnecter de la culpabilité dont la proclamation n'entrerait plus dans le processus de traitement de l'infraction. Un accord surviendrait entre le Parquet et l'auteur des faits, qui conviendraient d'un dédommagement au profit de la Nation, lequel éteindrait l'action publique, écarterait toute indignité et donc toute mention au casier judiciaire.

Cette modalité procédurale, d'inspiration américaine, existe à l'état embryonnaire dans notre Code de procédure pénale ; il s'agit de la composition pénale. Il suffirait d'en élargir la pratique, jusqu'alors réservée par les Parquets à des infractions de modeste envergure criminologique, alors que la loi permet d'y recourir lorsque les faits commis font encourir jusqu'à cinq ans d'emprisonnement. Mais il faudrait surtout déconnecter ce mode de traitement pénal de toute reconnaissance de culpabilité, car aujourd'hui la loi (article 41-2 du Code de procédure pénale) réserve la procédure à « une personne physique qui reconnaît avoir commis un ou plusieurs délits ». Rien n'interdirait en outre d'étendre l'applicabilité de la transaction aux personnes morales[1]. Quelle serait la contrepartie mise à la charge de l'auteur des faits ? Le code de procédure pénale en donne toute une liste qu'il faudrait compléter par une formule générale du type : « toute mesure que le procureur de la République considérera comme répondant de manière adéquate aux faits commis et à la personnalité de l'auteur ». Dans les matières financières, c'est-à-dire dans les cas de délits de bourgeois qu'on évoquait plus haut, la transaction ainsi passée se traduirait souvent par des versements pécuniaires au profit des caisses de l'État dont le montant devrait être dissuasif d'une quelconque réitération. À titre de préalable, de condition première au recours à la transaction, l'auteur aurait procédé à la réparation du dommage causé par son acte.

On aurait ainsi satisfait à la définition de la peine que donne Beccaria : « Pour que le châtiment produise l'effet

1. Plus largement que ne le fait la loi Sapin II du 9 décembre 2016.

qu'on doit en attendre, il suffit que le mal qu'il cause surpasse le bien que le coupable a retiré du crime[1]. » Ce n'est pas dire autre chose que ce que soutient le vieil adage : Le crime ne paie pas ! Mais encore faut-il faire en sorte que précisément il ne soit pas rentable.

Serait-ce une façon de favoriser les riches ? Pas véritablement, car les sommes qu'on exigerait pour transiger ne pourraient qu'être liées à la capacité contributive de celui auquel on les demanderait, leurs montants devant être dissuasifs d'une récidive. De plus, le règlement pourrait en être étalé dans le temps. Enfin, il suffit de voir avec quelle diligence sont payés les cautionnements préalables à une mise en liberté pour s'apercevoir que certains impécunieux le sont parfois moins qu'il n'y paraissait, quand leur intérêt est en cause.

Ajoutons qu'aux véritables défavorisés, on pourra demander autre chose que de l'argent comme, par exemple, des travaux au profit de la collectivité, des stages de formation ou de sensibilisation à un problème particulier, ou encore des traitements thérapeutiques ou des régularisations administratives. Celui qui n'a pas d'argent disponible a au moins une faculté de travail, ou, plus largement, de faire, dont la mobilisation, au profit de la collectivité, sera porteuse d'un message pédagogique de normalisation du comportement.

Les dossiers ainsi réglés entre le Parquet et le justiciable auraient-ils vocation à être soumis à l'homologation du juge, dès lors qu'il ne s'agirait pas de

1. *Op. cit.*

condamnations ? Rien n'interdirait que la nouvelle formule de la transaction se différencie sur ce point de la comparution sur reconnaissance préalable de culpabilité qui, elle, s'ouvre sur une peine véritable. Tant que la situation sera préjudiciaire, c'est-à-dire tant qu'une juridiction – quelle qu'elle soit – n'aura pas été saisie, pourquoi ne pas admettre que le Parquet dispose à sa guise de l'action publique qui constitue son apanage propre ? Les données du problème ne seront plus les mêmes, si l'on admet que la transaction reste possible en cours d'instruction, voire devant une juridiction de fond, tant que l'affaire n'aura pas été jugée définitivement. En pareille hypothèse, la transaction ne pourra se conclure qu'avec l'autorité maîtresse du dossier, celle qui serait naturellement appelée à le juger. C'est au législateur qu'il appartient de déterminer s'il faut prévoir l'intervention d'un juge dans le processus d'élaboration ou d'homologation de la transaction, pour autant qu'il consente à faire entrer ce mode de règlement dans le droit positif[1].

La transaction offrirait à la justice pénale un gain de temps considérable ; elle aurait aussi pour effet de rapprocher singulièrement dans le temps la réponse judiciaire – mieux vaudrait dire sociale – du constat

1. L'hésitation du législateur à l'adoption de cette nouvelle formule de traitement pénal alternatif des dossiers s'est déjà manifestée, à l'occasion des débats ayant abouti à la loi Sapin du 9 décembre 2016, qui introduit la transaction pour les seules personnes morales, sous le nom de convention judiciaire d'intérêt public, pour quelques cas particuliers : la corruption sur les marchés internationaux et quelques autres infractions spécifiques.

par l'autorité publique du fait générateur de la suspicion ; sans parler de l'importante économie de fonds publics réalisée à travers une action qui non seulement coûtera moins cher qu'une procédure traditionnelle, mais encore pourra aussi rapporter au Trésor public des sommes non négligeables[1]. A-t-on jamais imaginé une machine judiciaire capable d'autofinancement ?

Ce n'est là que l'évocation à grands traits d'un nouveau système de régulation judiciaire. D'autres exemples, appartenant à des pratiques de pays démocratiques, méritent aussi d'être expérimentés. Je songe à ces *commissaires au droit* qu'à la suite d'une transaction pénale, l'entreprise installe, à ses frais, en son sein pour une durée déterminée. Leur rôle est de s'assurer que les engagements pris sont effectivement tenus et qu'aucune dérive nouvelle ne s'installe. Ils incarnent ce curieux mouvement qui, à la fois, fait suite à une erreur passée et prévient un dérapage futur. Ils incarnent l'installation de la loi dans l'entreprise. Qui oserait prétendre qu'aucune de nos procédures répressives ait jamais atteint ce but ? J'entends déjà quelques esprits chagrins protester contre une inspiration trop évidemment puisée dans les mœurs judiciaires américaines. J'assume le propos et avoue sans détour l'origine de l'idée[2]. Mais si tout ce qui est américain n'est pas exemplaire, il

1. Avec, le cas échéant, affectation partielle au budget de la Justice.
2. Sur ce sujet, un très intéressant ouvrage, écrit sous la direction de Pierre Servan-Schreiber et Antoine Garapon, présente une analyse de la justice américaine par des juristes français (*Deals de justice*, Paris, Puf, 2013).

serait réducteur et intellectuellement étriqué de rejeter systématiquement tous les exemples que donne cette grande nation.

En regardant de l'autre côté de l'Atlantique, en mesurant nos différences, on voit s'esquisser des questions fondamentales : le juge doit-il être l'arbitre de tous les événements, qu'on déforme pour qu'ils entrent dans sa compétence ? Le lourd cérémonial du procès doit-il être le mode de traitement de tous les différends ? La justice pénale a-t-elle pour seule mission de pointer la faute et de stigmatiser le coupable ou doit-elle avant tout se préoccuper du futur et de la préservation de l'ordre pour demain ? L'institution judiciaire est-elle un pouvoir qui s'affirme et fait ostentation de sa force ou un outil social qui doit montrer son utilité ?

*

* *

Traiter différemment les infractions poursuivies, selon leur gravité, c'est, dira-t-on, le quotidien de la tâche judiciaire. Certes, mais il faut aller plus loin dans la différenciation selon l'infraction perpétrée : parfois plus haut dans la sévérité et l'exclusion sociale, parfois plus bas dans l'indulgence et la compréhension.

Rééduquer le petit délinquant.

Le petit délinquant est souvent un défavorisé ; il recourt à l'infraction, faute de pouvoir espérer s'en sortir autrement. La peine prononcée contre lui devra comporter une part éducative, un apprentissage des valeurs que, désormais, trop de familles sont incapables de transmettre, que trop d'écoles ont renoncé à enseigner. Le petit délinquant, même récidiviste, a souvent perdu tout repère ; il faut le remettre sur la voie, l'encadrer, le surveiller. Il n'est pas nécessairement un antisocial irrécupérable. Il est des fautes qui sont des appels au secours, une manière d'attirer sur soi les regards, une façon de crier qu'on voudrait changer sa vie. Il y a de la révolte chez le délinquant, c'est-à-dire une force qu'il faut canaliser, car elle est un facteur d'espérance. Ceux qui savent dire non, même à contre-courant de la morale et du droit, sont souvent plus riches de promesses que ceux qui s'installent dans une apathie indifférente, qu'on prend à tort pour du respect de l'ordre et de l'amour du bien. La Justice n'est pas une machine à punir. Elle doit, autant que faire se peut, resocialiser, rééduquer, reprendre la formation d'un être là où elle a été abandonnée du fait des défaillances sociales. Il faut, comme y exhortait Voltaire, punir utilement. L'école, il n'y a pas si longtemps, apprenait à tous à lire, à écrire, à compter ; elle était le creuset où s'inscrivait l'égalité, l'escalier qu'empruntaient les enfants modestes, parfois pour se hisser au plus haut. Que la répression des infractions les moins graves par les plus jeunes soit l'occasion de les replacer dans un système éducatif, à forte autorité s'il le faut, qui les sortira d'affaires et nous protégera de nouveaux égarements. Freud dit quelque part qu'il *n'est pas d'autre mesure éducative que la contrainte.* Songeons à éduquer quand vient le moment de contraindre. S'il faut construire des endroits clos pour accueillir les mineurs délinquants, qu'il s'agisse de collèges fermés, plutôt que de prisons. L'enfermement punit ; l'enseignement régénère.

Éliminer socialement le grand criminel.

Mais la compréhension humaniste a ses limites. On ne peut traiter tous les délinquants comme des malades, des carencés éducatifs, des victimes du destin. Certains, par la gravité de leurs actes, la potentialité ou la réalité de leur récidive, le mépris conscient des règles sociales, se placent en dehors de notre monde. Rousseau, dans le *Contrat social*, écrivait : « Tout malfaiteur, attaquant le droit social[1], devient, par ses forfaits, rebelle et traître à la patrie ; alors la conservation de l'État est incompatible avec la sienne. » Visait-il à légitimer la peine de mort ou à préconiser qu'on tire la conséquence de cette rupture du lien social, consommée par l'individu lui-même ? La peine de mort appartient heureusement à un temps lointain et révolu. Elle manifestait la volonté du groupe majoritaire de rejeter un individu, de façon solennelle, sanglante et

1. Entendre : les règles de la société.

définitive. Outre l'insupportable barbarie de cette justice, criminelle à son tour, outre l'orgueil incommensurable de celui qui s'octroie un droit de mort sur son semblable, notre époque n'exige plus de la justice ce sordide sacrifice ; elle ne tolérerait d'ailleurs plus que cette extraordinaire violence soit faite en son nom. Mais nos contemporains ont-ils pour autant renoncé à l'exclusion du coupable, au « rejet » du grand criminel ? Considèrent-ils comme normal qu'il soit tout bonnement remis en circulation une fois sa peine accomplie ?

La réponse est évidemment négative. Il suffit pour s'en persuader de voir l'indignation de l'opinion devant la récidive d'un grand criminel de droit commun, son inquiétude devant l'hostilité difficilement réversible du terroriste qui, pourtant, l'un comme l'autre ont une vocation naturelle à être libérés un jour. On le connaissait, on savait de quoi il était capable ; et on l'a laissé, sans surveillance particulière, vivre comme un citoyen ordinaire et plonger à nouveau une famille dans une douleur terrible, dans un deuil insupportable, au seul motif qu'il avait exécuté sa peine ! La justice est coupable, la loi est insuffisante, le système défaillant. L'opinion ne demande plus seulement au système judiciaire de traiter le mal accompli, elle ne se satisfait plus d'une justice de l'*a posteriori* qui traiterait le crime sans rien faire pour l'empêcher. Elle exige du juge, plus en amont de l'État et de la loi, qu'ils organisent la protection du peuple des honnêtes gens, qu'ils répondent de son avenir, qu'ils éradiquent le mal. On pourrait à la rigueur supporter le surgissement brutal d'un crime imprévisible, l'apparition stupéfiante d'une pulsion que nul ne supposait chez un être jusqu'alors normal. Mais quand il s'agit d'un criminel authentifié, connu, dont on peut redouter qu'il sévisse à nouveau, toute tolérance est exclue. Il fallait nous en débarrasser, l'empêcher de nuire à nouveau, le réduire à l'impuissance. Cette exigence est-elle illégitime ? Peut-on envisager de relâcher une bombe, qui explosera peut-être, entre une école et un hôpital, pour la seule raison que le temps ayant passé, la peine étant faite, on n'a plus juridiction sur elle et qu'il ne reste plus qu'à prier, qu'à espérer que la prison et Dieu aient transfiguré l'homme ? Nos compatriotes ne veulent plus de ce pari fou que représente la libération d'un homme dangereux. La question n'est pas nouvelle. Déjà Beccaria, incarnation pourtant d'une justice humaniste, affirmait que le grand criminel « doit être exclu de la société, c'est-à-dire banni ».

Comment exclure le grand criminel du champ social ?

Ce propos, tenu il y a plus de deux siècles, fait curieusement écho à des débats récents sur la déchéance de nationalité et le bannissement qui en serait l'inévitable conséquence. Le débat a tourné court et la déchéance de nationalité a sombré dans l'oubli. Mais la menace criminelle, qui avait suscité cette fausse bonne idée, demeure, tandis que l'État, cerné par les problèmes, regarde ailleurs. Il est des échecs qui sont aussi des renoncements, des abandons, des aveux d'impuissance. Il est vrai que la déchéance de nationalité posait de graves problèmes moraux et juridiques : au nom de quel principe moral aurait-on exporté nos criminels pour les faire assumer par d'autres ? La création d'apatrides judiciaires n'est-elle pas à la fois une démission interne et une faute au regard du droit international ? Il fallait à l'évidence que cette idée inappropriée fût abandonnée. Mais a-t-on le droit, en même temps, d'oublier la vraie question qui l'avait fait naître : le sort qu'il faut réserver aux grands criminels, une fois la peine accomplie ?

Des voix se sont élevées pour proposer une perpétuité réelle, une prison dont on ne sortirait jamais. C'était oublier la formidable menace d'hommes qui, n'ayant plus rien à espérer, n'auraient plus rien à perdre. Quels gardiens aurait-on pu leur donner, sans craindre à tout instant qu'ils les assassinent, si la fantaisie leur en venait ou si ce geste meurtrier leur semblait utile à un projet d'évasion qui devenait leur unique espoir ? L'État pouvait-il exposer des fonctionnaires de l'administration pénitentiaire à un danger de mort permanent ?

Et pourtant l'exclusion du grand criminel est, comme le dit Beccaria, un sujet sérieux, peut-être même un devoir. C'est, à coup sûr, ce qu'attendent nos contemporains de l'État, qui ne saurait se dérober à cette mission, si difficile soit-elle à remplir. Le danger qu'incarnent certains hommes, même au terme d'une longue peine, relève de la responsabilité des gouvernants. Rares sont les responsables politiques qui ont admis de regarder cette obligation en face. Le président Sarkozy eut le courage d'affronter la difficulté : la rétention de sûreté fut une première tentative de réponse. Elle n'était pas parfaite, car il était étrange qu'au terme de sa peine la situation du condamné demeurât la même. Comment pouvait-on faire dire à la loi, qu'après l'exécution de la peine, l'incarcération allait continuer ? On n'était pas très éloigné de la notion de perpétuité réelle, si ce n'est que, pour le condamné, le pire n'était pas sûr ! Il faut concevoir un système dans lequel la liberté succède à la prison, mais une liberté particulière qui ne fasse pas craindre la survenance de nouveaux méfaits, qui ne soit pas synonyme de menace pour la population. Un tel régime existe-t-il ?

Instaurer une mise à l'écart, éventuellement définitive, mais à visage humain.

Pour concilier la libération et le maintien à distance, il n'existe guère qu'un seul procédé : une forme d'interdiction de séjour ou, si l'on préfère, d'assignation à résidence, loin des lieux habités par des victimes potentielles. En termes clairs : un éloignement géographique à visage humain. On pourrait imaginer un regroupement des *mis à l'écart* dans une zone insulaire, inhabitée ou comportant suffisamment peu d'habitants pour qu'on puisse réserver une partie du territoire aux

« éloignés », sans qu'ils puissent se mêler à la population locale. La surveillance d'une île est assez aisément assurée, son éloignement des côtes rendant par ailleurs difficile qu'on s'en échappe.

La vie de ces *mis à l'écart* devra y être normale, exempte de tout mauvais traitement, sans inconfort choquant, même si l'on peut admettre qu'une relative simplicité caractérise la vie quotidienne. Il conviendra de doter l'endroit des commodités ordinaires que la vie des hommes rend exigibles, des améliorations pouvant être apportées par l'industrie de ceux qui y résideraient. Après la libération, rien ne justifie les rudesses de la vie carcérale ; il ne s'agit pas de restaurer le bagne et sa cohorte de barbaries diverses qui appartiennent à un autre âge. Il faut créer les conditions d'une vie normale, la seule limitation de liberté consistant à ne pas quitter le lieu de résidence ainsi assigné. Ces colons d'un genre nouveau vivraient libres dans ces lieux, sous l'œil d'une police avisée, chargée de juguler tout débordement. Comme les aventuriers des siècles passés, ils pourraient reconstruire une vie nouvelle et profiter du fruit de leurs efforts.

Rien n'empêcherait que cette expérience soit entreprise en commun par plusieurs pays de l'Union Européenne, tous soumis aux standards des grands textes internationaux garantissant le respect des droits des individus. Bien qu'il ne s'agisse pas d'un lieu d'enfermement, la surveillance de diverses autorités – en France du Contrôleur général des lieux de détention – pourrait opportunément s'exercer.

On objectera mille difficultés pratiques à la mise en œuvre de cette proposition : comment les familles de ces déracinés maintiendront-elles le contact ? Comment assurera-t-on le droit à la santé ? De quelle sécurité jouiront ceux qui seront là pour des raisons professionnelles (policiers, médecins, auxiliaires divers que la vie quotidienne rend nécessaires) ? Par quels moyens empêchera-t-on les *mis à l'écart* de fuir ? Ce sont là de vraies questions, mais leur dimension n'est que pratique, des réponses existent déjà qui n'auraient pas leur place dans cet ouvrage général. En un mot des objections peuvent être faites à l'idée, mais elles ne sont nullement insurmontables.

Il faudra aussi déterminer les crimes qui pourront donner lieu à une décision de *mise à l'écart* soit par la juridiction de jugement, soit par celle de l'application des peines. Cette définition appartient au législateur et sera d'autant moins difficile que le droit pénal actuel connaît déjà une distinction entre la criminalité ordinaire et ce qu'on appelle la criminalité organisée (article 706-73 du Code de procédure pénale). On peut aussi imaginer que la mise à l'écart – obligatoire en fin de peine dans certains cas – soit aussi proposée à des détenus n'en relevant pas automatiquement au moment d'une libération anticipée. L'adhésion volontaire à la mesure de ceux qui l'accepteraient dans le contexte d'une libération conditionnelle soulignerait que ce statut est bien une modalité de libération.

Bien évidemment, les juges de l'application des peines pourraient, sous réserve des textes législatifs à intervenir, décider de mettre fin à la *mise à l'écart*, s'il leur apparaissait que tel individu peut désormais se fondre dans la société sans dommage pour quiconque.

Au bilan, les territoires nationaux des pays concernés auront été protégés d'un risque criminologique majeur, qu'on ne peut faire peser sur les populations sans irresponsabilité ; quant aux *mis à l'écart*, ils passeront moins de temps en prison, ce qui est à la fois une économie pour l'État et une amélioration du sort des personnes concernées.

« De l'audace, toujours de l'audace, encore de l'audace », disait un ministre de la Justice.

On aura ainsi inventé des modalités punitives efficaces, protégeant plus et mieux les populations, et qui, pour les cas les moins graves, permettront une rééducation préludant à une réinsertion réussie. On aura aussi rendu ce souci d'efficacité conciliable avec l'humanité de la répression de ceux qui sont des menaces pour la sécurité de leurs semblables. C'est au prix de cet effort d'imagination et d'une audace sachant rompre avec la tradition que la nouvelle justice pénale pourra pleinement remplir sa mission.

Chapitre IV
La justice civile

La justice civile présente moins de difficultés théoriques que la justice pénale. Elle n'est que rarement l'occasion de conflits philosophiques même si, de manière édulcorée, on y retrouve l'écho des questions idéologiques qui ont été évoquées dans de précédents chapitres.

Moins idéologique que la justice pénale, la justice civile doit faire face au nombre des dossiers.

La matière civile, pour l'État, est d'abord un problème de gestion des flux qui induit une question particulière : ce dont le juge peut être saisi n'est-il pas démesuré ? Le juge, travailleur solitaire comme au

XIXe siècle, est-il armé pour assumer le traitement des contentieux de masse ?

La justice civile régit la vie quotidienne des hommes.

La justice civile est pour nos compatriotes d'une importance considérable ; elle concerne nombre d'entre eux qui n'auront bien heureusement jamais à faire au monde judiciaire pénal. Elle est un service public dont le bon fonctionnement est capital, car il conditionne l'organisation quotidienne de la vie. Un divorce est un bouleversement affectif, mais il est aussi la nécessaire mise en place d'une vie nouvelle, avec tout le cortège des difficultés matérielles qu'occasionne ce changement. On ne peut attendre qu'une résidence séparée soit ordonnée, ni qu'une contribution financière soit attribuée à celui des parents qui assume désormais seul l'éducation des enfants.

Une urgence moindre régit d'autres types de litiges, mais leur règlement diligent permet de rendre leur liberté d'action à ceux qui sont concernés. La contestation d'un droit de propriété obère la vente et bloque les projets du propriétaire. Une succession, qui ne se règle pas, prive parfois une génération de son droit à l'héritage. Un dédommagement qui arrive trop tard, ne compense plus que théoriquement un malheur qu'il a fallu affronter dans le dénuement. En un mot, la solution rapide est tout aussi exigible que la solution parfaite, qui perd beaucoup de sa portée quand elle survient trop tard.

La justice civile, au sens large de ce qualificatif, doit gérer des contentieux de masses qui verrouillent la vie des justiciables concernés ; elle doit le faire rapidement pour que les déséquilibres disparaissent, que la concorde s'installe et que les accidents de la vie ne s'étirent pas dans le temps.

Le juge est un artisan sans moyens qu'on saisit sans mesure au nom du droit d'accès à la justice.

J'ai conscience du caractère incantatoire de ces propos et je vais venir sans tarder à des propositions concrètes. La submersion de la justice a une première cause : une conception trop littérale du droit à l'accès au juge. En France, le juge est saisi de tout et décide d'une multitude de détails qui ne requièrent pas son niveau de compétence. De la même façon, son mode de travail est proche de celui d'un artisan isolé. Il tape souvent lui-même ses jugements sur son ordinateur, après avoir conduit des recherches juridiques dans la même solitude. Je suis bien certain que nombre d'entre eux font les photocopies utiles à leur mission, quand leur greffier est en congé ou malade, ou encore quand ils attendent que le poste soit pourvu…

Il n'est pas admissible d'employer une élite à des tâches ancillaires. Ce n'est pas seulement humiliant pour les hommes et les femmes concernés, c'est aussi une perte de substance au préjudice de la nation.

Les effectifs insuffisants ne sont pas la seule cause de l'encombrement de la justice.

Devant l'encombrement de la justice civile, certains pensent que le gonflement sans fin des effectifs est une réponse adéquate. S'il faut pourvoir les postes demeurés sans titulaires, l'augmentation incessante du nombre des juges n'est pas une solution satisfaisante. Le nombre des magistrats était il y a trente ans inférieur à 6 000 personnes ; il y en a aujourd'hui plus de 8 000, soit une augmentation des effectifs de l'ordre de 35 % en trois décennies. Le nombre des juges n'a pas vocation à être augmenté ; c'est l'exercice de la mission de juger qui doit être modifié. L'avenir appelle un juge homologateur dont le rôle, déjà connu, est celui d'une relecture, d'un contrôle, moins exigeants en termes de temps que l'élaboration *ex nihilo* d'une décision de justice.

Le recours au juge devrait être réservé aux cas les plus complexes.

Le rapport du citoyen à l'institution judiciaire est flou et indéfini. Le recours au juge semble pouvoir s'inscrire dans les faits comme un besoin sans limite. On considère que la justice est un service public dont chacun peut faire un usage discrétionnaire, ce d'autant plus qu'il est gratuit. Si le droit d'accès à un juge fait partie des droits fondamentaux que les démocraties doivent garantir aux citoyens, encore faut-il déterminer ce qu'un tel droit renferme. Le juge n'a pas vocation à régler tous les litiges. Certains devraient échapper à sa compétence. Il est des désaccords philosophiques, politiques ou religieux qu'il n'appartient pas au juge de trancher, même s'il arrive qu'il soit saisi des conséquences concrètes de certaines options générales. L'euthanasie est un débat de société que le juge n'arbitre que lorsqu'un cas spécifique surgit. La maîtrise de sa propre mort est d'abord affaire individuelle, mais la mort d'autrui s'inscrit dans une certaine vision de l'ordre public que le juge doit définir, si la loi ne l'a pas fait. De même, l'option religieuse, souvent irrationnelle, est intimement liée à la liberté de conscience, tant que le prosélytisme ou l'ostentation n'en font pas une affaire de société. Même l'analyse historique est désormais placée sous le pouvoir du juge. Est-ce dans la nature des choses ? Faut-il prendre acte de cette universalité de la compétence judiciaire ou, au contraire, limiter cet expansionnisme ? Et, dans cette perspective, comment s'y prendre ?

Le législateur a une complète liberté pour dire quelles sont les options morales et sociales du pays, mais il hésite à s'y livrer et préfère souvent ne pas risquer l'anathème en décidant. C'est ainsi qu'il laisse au juge le soin de trancher les questions délicates, confortant ainsi l'autorité morale du magistrat qu'il sait ne plus détenir lui-même. Quand des responsables politiques interdisent un costume de bain à connotation religieuse et conquérante, faisant fi de l'égalité des sexes sur quoi reposerait, dit-on, notre société ; quand le juge annule ces prohibitions au nom de la liberté, le législateur devrait oser reprendre la main et décider au nom du peuple qui l'a élu à cette fin. Cette concurrence du politique et du juge a déjà été évoquée. Nous ne la rappelons ici que pour souligner une anomalie du temps présent : il y a encore quelques décennies, certains soutenaient que tout était politique, qu'il n'était pas de choix, de mots ou de manières d'être qui ne fussent les épiphénomènes d'une détermination sociale ou culturelle. Nous aimons les explications globalisantes, les autorités omniscientes. Aujourd'hui, tout relève du juge comme si personne n'osait brandir sa croyance, sa préférence, sa vérité. Une certaine déresponsabilisation craintive s'est sournoisement installée et c'est un vrai défi, rarement relevé, que d'oser être ce que l'on est, que de dire ce que l'on souhaite et d'affirmer ce que l'on croit.

Ramenons ce constat général à notre objet : si le juge décide désormais de toutes les grandes options du moment, comment serait-il imaginable qu'on lui ôte, même partiellement, la faculté de trancher dans les affaires individuelles ? Qui peut le plus, peut le moins !

Le procès civil ne doit plus être un jeu de poker où tous les coups sont permis.

L'habitude est prise depuis longtemps de poser sur le bureau du juge un enchevêtrement de faits que les parties analysent tendancieusement pour justifier des demandes qui ne sont pas toutes raisonnables. Demandeurs et défendeurs n'ont aucun souci d'équité ; ils ne servent que leurs intérêts propres. S'il faut un équilibre, une solution d'équité, un respect du droit et des personnes, le juge est là pour ça ! Tout se passe un peu comme si l'on avait transposé le vieil adage de Loysel – « en mariage, trompe qui peut » – pour en faire une règle de conduite procédurale, consistant à tenter d'obtenir les plus grands avantages au mépris de la notion de justice.

Le procès civil ne doit plus être un jeu judiciaire s'inscrivant dans la démesure où l'arrogance des parties autorise toutes les prétentions. Ce modèle s'apparente à la tentative d'escroquerie – ou du moins à la tromperie – que le juge devrait déjouer, sans qu'on puisse être certain qu'il y parvienne toujours. Le conflit sans concession, toujours excessif, toujours inique, complique et alourdit singulièrement la tâche juridictionnelle.

La demande déraisonnable, comme la résistance abusive doivent être sanctionnées.

On ne fera sans doute jamais disparaître complémentent les situations limites ; mais il faut en réduire le nombre et ainsi alléger la mission du juge. D'abord la tentative de tromperie de la juridiction – même quand on reste en deçà de la tentative d'escroquerie au jugement –, le mensonge, même par omission, doivent être sévèrement sanctionnés par des dommages et intérêts punitifs et aussi par des amendes civiles.

Déjudiciariser, concilier, arbitrer.

Il faut ensuite « déjudiciariser » un certain nombre de contentieux, comme celui du droit de la famille[1], où les solutions élaborées par les parties seront enregistrées par des déclarations au greffe, des actes d'avocats ou des conventions passées devant notaire. D'aucuns prétendront que la vulnérabilité de certains rendra de tels accords iniques en inscrivant dans les faits la domination de l'un et la dépendance économique de l'autre. Des réponses existent à ces craintes : ces conventions pour-

1. La loi de modernisation de la justice du XXIe siècle, du 18 novembre 2016, amorce ce processus.

ront toujours être contestées devant un juge ; l'organe qui les enregistrera pourra solliciter l'homologation du juge, si un doute demeure dans son esprit sur leur équilibre. Enfin, et surtout, il faut peu à peu habituer les parties – et tout particulièrement leurs conseils – à ne plus vivre un litige comme une guerre à outrance, mais comme la recherche responsable d'une solution équilibrée.

Le droit collaboratif – qui ne fait qu'apparaître dans notre corpus juridique et surtout dans nos habitudes mentales – devrait aider à ce qu'il faut bien appeler une révolution des mœurs. Une directive européenne[1] prône l'emploi « de tout processus structuré quelle qu'en soit la dénomination, par lequel deux ou plusieurs parties tentent de parvenir à un accord en vue de la résolution amiable de leur différend avec l'aide d'un tiers, le médiateur, choisi par elle ou désigné, avec leur accord, par le juge saisi du litige ».

Les avocats devront être les artisans de ce profond changement d'état d'esprit. Ils ne devront plus être des partisans, des personnages de combat, mais des organes d'apaisement tenant compte des intérêts de l'autre partie et de l'équité de la solution qu'ils proposeront. Les plus acquis à l'esprit de polémiques croiront y perdre leur âme ; ils y gagneront au contraire en perspectives professionnelles car, cessant d'être assimilés aux conflits interminables et aléatoires, ils se rapprocheront du justiciable. Bien sûr, ce « déve-

1. Directive 2008/52 du 21 mai 2008 transposée en droit interne par l'ordonnance du 16 novembre 2011.

loppement de l'amont du juge[1] » ne pourra jamais régler tous les litiges ; il demeurera une part – mais une part limitée – de conflits irrésolus que le juge devra trancher. Outre-Atlantique, les modes alternatifs de règlement des litiges parviennent à résoudre avec succès près de 80 % des cas qu'on traite selon cette modalité procédurale. Il est vrai que le procès est ruineux dans le système anglo-saxon et que son coût et son effet dévastateur constituent une forte pression pour conclure un accord. Nous devons installer dans notre système judiciaire l'accord négocié et tenir pour fautive la saisine d'un juge lorsqu'elle aurait manifestement pu être évitée. L'entêtement a un prix, celui du service public qu'on ne doit pas pouvoir mobiliser sans raison sérieuse, qu'on soit en demande ou en défense.

C'est au juge qu'il appartiendra d'apprécier si sa saisine était ou non justifiée, si le refus d'un accord relevait de l'impossibilité, de l'incompréhension ou de la mauvaise foi. De même qu'il existe une indemnisation des frais de justice au profit de la partie qui succombe[2], de même on pourrait imaginer qu'une condamnation pécuniaire, au profit de l'État, frappe, le plaideur ayant fait preuve d'une résistance abusive ou d'une mauvaise foi caractérisée. La nouveauté ne concernerait que la pratique, car les textes existent, mais pas l'état d'esprit.

1. Rapport Delmas-Goyon, « Le juge du XXIe siècle », décembre 2013.
2. Article 700 du Code de procédure civile : le juge peut condamner la partie qui succombe à assumer tout ou partie des frais du procès exposés par son adversaire.

Ainsi, la mise en œuvre du service public de la justice ne serait plus un coup de dé, une interpellation de la chance ou encore une manœuvre dilatoire.

Le juge doit devenir un chef d'équipe et un superviseur.

Quant aux juges du XXIe siècle, ils ne doivent plus être ces artisans héroïques et sans moyens qu'on a déjà décrits. Il ne suffit pas que les modes de règlement alternatifs des conflits allègent leur tâche en diminuant le nombre de leurs dossiers, il faut aussi que la méthode de travail change. Le juge ne doit plus être un personnage solitaire et démuni. Il doit devenir un chef d'équipe, entouré de collaborateurs[1] qui, sous sa direction, prépareront des solutions qu'il contrôlera, modifiera et avalisera, comme il homologuera parfois les accords que les parties auront conclus dans le cadre du droit collaboratif[2].

Ces modalités de travail sont déjà celles du Parquet où l'on œuvre en équipe, dans un contexte hiérarchisé. Le juge de demain sera d'abord un superviseur, un

1. Ses assistants seront des juristes contractuels dont la mission sera temporaire, afin de pas constituer une sous-magistrature et d'éviter que l'habitude ou la confiance faite à un collaborateur de qualité ne réduise le contrôle à une formalité.
2. Configuration qui, mutatis mutandis, reproduirait, au moins de manière analogique, ce qu'est la comparution sur reconnaissance préalable de culpabilité (CRPC) en matière pénale.

contrôleur ; il sera aussi, mais plus exceptionnellement, celui qui, comme aujourd'hui, tranchera des positions opposées. C'est paradoxalement en rompant avec le « tout juridictionnel » qu'on sauvera le rôle si précieux de celui qui dit où est le droit, quand les parties n'ont pas su le reconnaître.

Quelle que soit la qualité d'une institution et de ceux qui la composent, elle n'échappe pas à la décadence, si elle se laisse étouffer par le nombre, accablée par les tâches, submergée par le détail.

*

* *

La justice civile doit être éclairée par la société civile et les justices spéciales, confiées à des citoyens, doivent être renforcées par des juges professionnels.

La mixité de la justice est au civil, comme au pénal, une garantie de la qualité de l'analyse. L'alter ego du justiciable éclairera le juge sur le citoyen, sur la crédibilité de ses allégations, comme sur les difficultés qu'il a pu rencontrer. Le juge de proximité, même quand il n'a pas de profondes compétences juridiques, pourra au moins expliquer au magistrat professionnel, qui ne le sait que dans l'abstraction, ce qu'est la vie d'un petit commerçant, d'un chef d'entreprise, d'un ouvrier, d'un cadre, d'un médecin ou d'un paysan. Il faut des juges de proximité de toutes origines pour que chacun d'eux soit un trait d'union entre la juridiction et le justiciable dont ils seront les semblables.

Cette réforme est peu onéreuse, le juge de proximité ne recevant qu'un modeste dédommagement attaché à chaque prestation et non un salaire. De plus, quand une juridiction collégiale comprend un juge de proximité, l'économie du juge professionnel auquel il se substitue est, elle, substantielle. Pourquoi se priver d'une réforme apportant un avantage qualitatif pour un moindre coût ?

À l'inverse, on peut s'interroger sur le maintien des juridictions « citoyennes » où n'interviennent que des juges non professionnels. Le cas le plus préoccupant est celui du Conseil de prud'hommes, dont le caractère paritaire conduit souvent à la paralysie. Plus de 20 % des décisions prud'homales[1] voient les employeurs et les salariés s'opposer sans qu'une majorité puisse se dégager pour aboutir au règlement du litige. Il faut alors recourir au départage du juge d'instance, ce qui implique des délais de jugement que l'on compte parfois en années. Ne serait-il pas raisonnable de créer une juridiction du travail mixte, présidée par un juge professionnel qui procéderait au départage sans attendre. Ne peut-on pas espérer aussi que la présence d'un juge soit de nature à améliorer la qualité des décisions rendues qui, en

1. En moyenne nationale, car certains conseils de Prud'hommes sont à 40 % ?

matière prud'homale, connaissent un taux record de réformation en appel ?

De la même façon, le maintien des tribunaux de commerce apparaît comme sujet à interrogation, du moins dans leur état actuel. Rappelons que, dans la France d'outre-mer, il existe des tribunaux mixtes de commerce présidés par un magistrat professionnel et qu'il en va de même des tribunaux du travail. Les juges consulaires sont parfois d'excellents juristes, dotés d'une grande expérience professionnelle. C'est le cas dans les grandes agglomérations urbaines où ces juges viennent de grandes entreprises où ils ont exercé d'importantes responsabilités, après avoir acquis un solide bagage universitaire, notamment en droit. Mais, cette qualité de magistrat n'est pas universelle et il est des lieux où la présidence d'un juge professionnel apporterait beaucoup à la qualité de l'œuvre juridictionnelle.

*

* *

Les palais de justice, avec leurs façades à colonnades, empruntent à l'architecture antique. La justice y est souvent représentée comme une déesse aux yeux bandés, tenant une balance et un glaive. Le décor est planté : olympien, hiératique, démiurgique et dominateur. Il faut un certain goût du sacrilège pour se croire autorisé, étant simple mortel, à modifier un édifice divin. La République ose brandir le principe de laïcité quand une religion prétend lui dicter sa conduite, mais elle pourrait bien reculer devant cette sacralité judiciaire à l'état sauvage, devant cette majesté à demi menaçante qui l'observe avec sévérité. Ce serait oublier que ce terrible pouvoir n'est pas extérieur à l'État et qu'il appartient au peuple français, c'est-à-dire à chacun de nous, d'en définir les modalités d'exercice.

Table des matières

Préface *de Dominique Perben, ancien garde des Sceaux* 7

Introduction 13

Chapitre I. Les juges 25

Chapitre II. Les procureurs 57

Chapitre III. La peine 87

Chapitre IV. La justice civile 121

Composition et mise en pages
Nord Compo à Villeneuve-d'Ascq

Achevé d'imprimer
sur les presses numériques de Dupli-Print (95)

Imprimé en France